Global Energy Interconnection
Development and Cooperation Organization

全球能源互联网发展合作组织

新能源电氢碳协同开发模式

刘泽洪 等 编著

中国电力出版社

CHINA ELECTRIC POWER PRESS

图书在版编目（CIP）数据

新能源电氢碳协同开发模式 / 刘泽洪等编著.

北京 ：中国电力出版社, 2024. 9. -- ISBN 978-7-5198-9282-1

Ⅰ . F426.2

中国国家版本馆 CIP 数据核字第 20245CH572 号

审图号：GS 京（2024）1997 号

出版发行：中国电力出版社

地　　址：北京市东城区北京站西街 19 号（邮政编码 100005）

网　　址：http://www.cepp.sgcc.com.cn

责任编辑：孙世通（010-63412326）　柳　璐

责任校对：黄　蓓　常燕昆

装帧设计：王红柳

责任印制：钱兴根

印　　刷：北京博海升彩色印刷有限公司

版　　次：2024 年 9 月第一版

印　　次：2024 年 9 月北京第一次印刷

开　　本：787 毫米×1092 毫米　16 开本

印　　张：10.25

字　　数：165 千字

定　　价：78.00 元

前　言

　　实现全球碳中和的宏伟目标，核心是推动能源转型，构建清洁低碳、安全高效的新型能源体系，关键是加速新能源大规模布局与高质量发展，目前全球已进入新能源倍增式快速发展新阶段。新能源集约化基地化开发具有规模大、见效快等显著优势，将发挥更大作用。随着新能源开发不断向沙漠、戈壁、荒漠等偏远地区深入，大型新能源基地并网、送出、消纳等方面的挑战日益突出，亟需通过关键技术和开发模式创新，以及政策和市场机制综合发力，妥善配置灵活调节资源，保障能源电力安全可靠供应和新能源充分消纳。

　　全球能源互联网发展合作组织以推动能源清洁低碳转型、加快全球新能源高质量发展为目标，针对偏远、水电资源不足地区的新能源基地大规模开发利用面临的问题与挑战，结合碳中和过程中绿电、绿氢与其他产业的联动发展，提出了电氢碳协同的新能源基地开发思路与开发模式。一方面充分利用绿电规模化制氢（氨/醇）的负荷灵活性，配套储电/储氢（氨）、氢（氨）发电以及火电富氧燃烧、掺氢（氨）发电，为新能源基地提供全时间尺度零碳/低碳灵活调节资源，提高基地发电出力稳定性和可控性，保障电力安全可靠供应。另一方面利用氢的能源、原料、介质三重属性，通过"绿电绿氢就地与外送消纳并举、上下游产业共同发力"，推动绿电、绿氢在传统冶金、化工等高载能、高碳排放产业和新兴氢基化工产业中的应用，大幅提高新能源消纳能力。通过统筹能源和产业发展，推动清洁能源在生产侧、消费侧的双重替代，促进绿色新兴产业和绿色生产力发展，实现能源、经济、社会、环境协调可持续发展。

本书共 7 章，由刘泽洪总体策划、组织编写及统稿。第 1 章从宏观角度阐述电氢碳协同发展的必要性，由刘泽洪、孟婧、冯骅等编写。第 2 章分析提出电氢碳协同的新能源基地开发思路，由刘泽洪、梁才浩、倪煜等编写。第 3 章分析电氢碳协同关键技术现状和发展趋势，由侯金鸣、张瑾轩、孟婧、张赟、文亚等编写。第 4 章对电氢碳协同的新能源基地开发模式进行生产模拟仿真分析，对不同时期的经济性进行分析展望，由刘泽洪、孟婧、张瑾轩、张泽栋等编写。第 5 章以中国北部地区以及海湾国家、北非地区、中南美洲、大洋洲的典型国家为例，分析电氢碳协同发展模式的应用前景，由孟婧、余潇潇、汪洋子、高超等编写。第 6 章分析提出相关政策及市场机制建议，由岳锋利、李荣等编写。第 7 章为结语，由宋福龙、刘怀远等编写。

本书在成稿过程中，得到了全球能源互联网发展合作组织伍萱、李宝森、周原冰、陈葛松、李隽、张义斌、肖晋宇、管秀鹏等的大力支持，在此一并感谢。受数据资料和研究编写时间所限，内容难免存在不足，欢迎读者批评指正。

目　录

1
电氢碳协同发展是实现碳中和的必然要求

实现全球"碳中和"亟需加快构建新型能源体系，大力推动能源生产和消费的绿色低碳转型，重点以清洁电能、绿色氢能、绿电制取燃料和原材料等替代化石能源直接消费，辅以传统化石能源低碳灵活转型，推动经济社会、生活方式的全方位绿色变革和可持续高质量发展。将最具增长潜力的风、光等新能源发展与绿氢、绿色氢基产业及传统高碳产业联动，实现电氢碳协同发展，是加速能源转型、推动实现碳中和的有效途径，对引领未来产业布局和绿色生产力发展、推动经济社会可持续发展具有重要意义。

1.1　碳中和与新型能源体系

实现碳中和、应对全球气候变化是全球各国共同的挑战和责任，截至 2023 年 9 月全世界已有 150 多个国家做出了"碳中和"的承诺，覆盖全球 80%以上的二氧化碳排放量、国内生产总值（GDP）和人口，为落实《联合国气候变化框架公约》及其《巴黎协定》、在 21 世纪中叶实现碳中和奠定了坚实基础。2020 年，中国提出"双碳"目标，并将其纳入国家建设整体布局和发展规划，展现了中国作为全球生态文明建设参与者、贡献者和引领者的决心和魄力。

实现碳中和的目的是应对气候环境问题，本质是解决造成气候变化的化石能源过度使用问题，根本途径是构建新型能源体系，同步在能源生产侧和消费侧实现清洁替代，重点以清洁电能、绿色氢能、绿电制取燃料原材料等替代化石能源直接消费，辅以传统化石能源低碳灵活转型，推动经济社会、生活方式的全方位绿色变革和可持续高质量发展。

2022 年全球与能源相关碳排放达到 368 亿吨[1]，占全球碳排放总量的 83%。电力及供热、工业行业的碳排放位列前 2 位，分别占能源相关碳排放的 40%、25%。保障碳中和顺利实现，快速取得碳减排成效，当务之急是在能源生产侧推动以火力发电、燃煤取暖为主导的能源电力行业以及能源消费侧的化工、冶炼等高载能行业清洁转型、快速降碳。

1.1.1　能源电力转型

1. 全球

随着越来越多国家制定碳中和目标、通过政策和投资促进清洁能源发展，清洁能源在全球能源结构中的占比显著提高，全球能源电力结构清洁化、低碳化转型成效逐渐体现。2022 年全球能源总需求达到 216 亿吨标准煤[2]，清洁能源占比达到 11%；电源总装

---

[1] 数据来源：国际能源署（IEA），CO_2 Emissions in 2022.

[2] 数据来源：美国能源信息署（EIA）.

机容量达到 81.3 亿千瓦，总发电量达到 28.6 万亿千瓦时，其中清洁能源发电装机和发电量占比近 5 年提升 4~5 个百分点，分别达到 43.8%、38.6%，煤电装机和发电量占比持续下降，分别为 26% 和 36%。但值得注意的是电力生产碳排放长期位居全球能源相关领域碳排放首位，2022 年达到 147 亿吨。

要实现全球碳中和，能源供应侧减排是能源电力行业加大减排力度、尽早实现净零排放的关键，必须加快实现清洁能源替代化石能源，从源头上减少化石能源用量。一方面是通过清洁能源大规模开发、大范围配置和高效率使用，摆脱化石能源依赖，加快化石能源退出和零碳能源供应，有效举措之一就是在全球具有资源优势地区实施清洁能源基地化开发和绿色氢基产业协同布局，并通过全球能源互联网，实现电力、供热、绿色氢基燃料等多种能源协同优化、互补融合，推动"宜电则电、宜氢则氢、绿电与绿氢并举"的清洁能源跨国、跨区、跨洲共享。其中，风电主要采用规模化集中开发方式建设陆上和海上风电基地，2025、2050、2060 年分别达到 15 亿、105 亿、117 亿千瓦；光伏发电采用集中式与分布式并举的方式，2025 年装机规模超过 18 亿千瓦，2050、2060 年分别提升至 183 亿、204 亿千瓦❶；常规水电重点在非洲、亚洲和中南美洲建设大型水电基地，2025、2050、2060 年分别达到 13 亿、25 亿、25.3 亿千瓦。**另一方面**推动火电清洁低碳转型，通过加装碳捕集与封存设备、生物质掺烧、氢（氨）/掺氢（氨）发电等手段逐步升级改造，降低火电机组的碳排放，同时推动煤电机组全面实施灵活性改造，实现从基荷电源向调节电源转变。

2050 年全球电力流格局见图 1.1，2050 年全球绿氢供需及输送示意见图 1.2。

2. 中国

当前，中国正处于全面建成小康社会、开启全面建设社会主义现代化国家新征程的历史阶段，经济发展和民生改善任务还很重，能源电力消费仍保持着刚性增长。2022 年中国能源消费总量 54.1 亿吨标准煤❷，煤炭、原油及天然气等化石能源占 82%，非化石能源占 18%；电能占终端能源消费比重约 27.5%，全社会用电量达到 8.6 万亿千瓦时，占全球的 30%。电源装机容量 25.6 亿千瓦，约占全球总装机容量的 1/3，全口径发电量为 8.7 万亿千瓦时，连续 12 年保持世界第一，其中非化石能源装机容量和年发电量分别占全国的 50%、36%。

---

❶ 全球能源互联网发展合作组织. 全球碳中和之路. 北京：中国电力出版社，2021.

❷ 电力规划设计总院. 中国能源发展报告 2023.

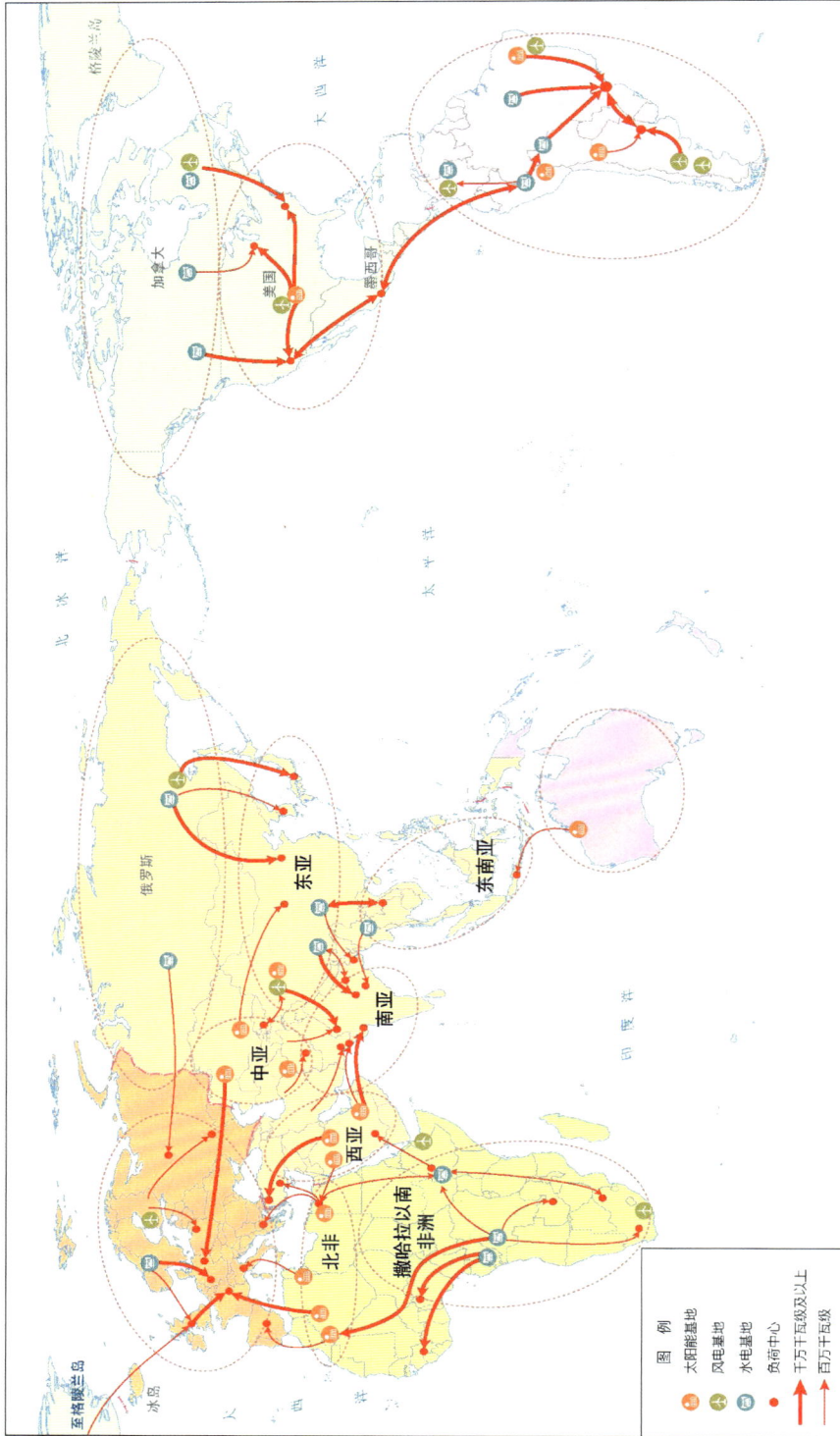

图 1.1 2050 年全球电力流格局

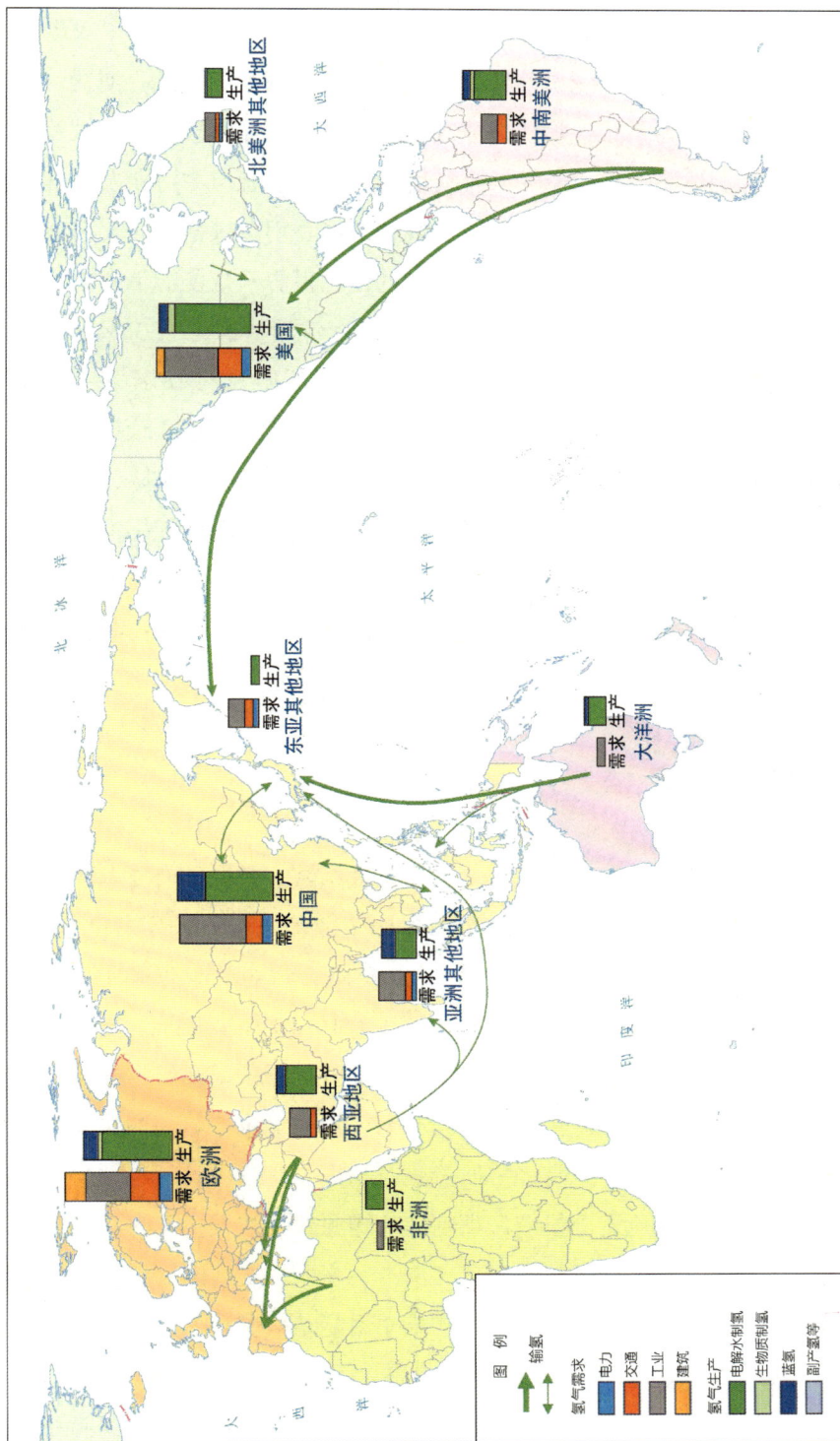

图 1.2 2050 年全球绿氢供需及输送示意图

"缺油、少气、富煤"的能源资源禀赋，决定了中国能源电力实现"双碳"目标的关键是能源供应转向清洁主导、能源消费转向电为中心，减少化石能源消费，通过构建以新能源为主体的新型电力系统，加快建成高度清洁化、高度电气化、广域互联化和能源充足供应的现代能源体系。**在 2030 年前碳达峰阶段**，能源电力行业发展的主要任务是转型升级，在此期间中国可再生能源、天然气和核能利用持续增长，化石能源增幅快速减少，能源消费总量控制在 68.6 亿吨标准煤，约占全世界一次能源消费的 30%，新增能源需求主要依靠清洁能源满足，到 2030 年非化石能源消费占比达 36%，电气化率达到 36%，全社会用电量达到 13 万亿千瓦时，约占全世界用电量的 28%。**在 2060 年前碳中和阶段**，能源电力行业发展的主要任务是构建清洁低碳能源体系，预计 2035 年以后，中国能源消费与经济增长逐渐脱钩，能源消费量进入平台期后稳中有降，能源消费弹性系数接近零甚至变为负值，2050 年一次能源消费总量控制在 66 亿吨标准煤左右，约占全世界一次能源消费的 1/3。2060 年清洁能源占比将达到 73%，实现能源生产体系全面转型；终端能源消费电气化水平翻一番，达到 65%，全社会用电量持续增加，2060 年超过 20 万亿千瓦时，约占全世界用电量的 22%。

1.1.2　高载能行业转型

工业是全球第一大终端能源消费与第二大碳排放领域，其中约有 2/3 的碳排放来自冶金、建材、化工三大高耗能行业。2022 年，中国工业领域能源消费 21.9 亿吨标准煤，占终端总能源消费的 63%，能源活动碳排放约 37 亿吨，占能源活动碳排放的 33%，其中冶金、建材、化工三大高耗能行业排放占比分别达 19%、10%、3%。工业行业结构复杂多样，实现碳中和目标，必须率先以高耗能、高排放产业转型升级为突破口，以培育战略性新兴产业为引擎，以壮大现代服务业为动力，发展绿色产业，构建高技术、高效能、高质量的现代化工业体系，提高经济质量效益和核心竞争力。

传统高载能行业依靠大量资源投入，高度消耗能源的生产方式无法满足中国等新兴经济体国家的经济发展由高速增长转向绿色、清洁、高质量发展的新要求，需要通过绿电替代、绿氢替代及其他绿色燃料应用等方式推动用能结构调整，同时向科技含量高、资源消耗低、环境污染少的方向转变。其中，**钢铁行业**加快发展电炉炼钢、氢能炼钢、生物质炼钢等清洁能源炼钢，逐步建立以电为中心，氢能、生物质能等多能互补的现代冶炼用能体系，提升产业聚集度，形成低能耗、低排放、高产值、高质量的钢铁行业发展格局。**化工行业**脱碳关键是积极提升生产能效，推动工艺设备电气化，大力发展电制原材料和绿色氢基、生物基化工原料，降低化工企业能源资源消耗，减少碳及污染物排放，实现绿色循环发展。**建材行业**近中期推广新一代生产工艺，提高建材生产能效、降低能耗与碳排放；远期，利用电加热炉逐步替代高耗能、高排放的化石能源煅烧设备，形成以电为中心的建材生产格局。

1.2　碳中和对绿电和绿氢的需求

随着人们对清洁低碳可持续发展认识的不断提高和清洁能源开发、氢能全产业链的技术进步，绿电和绿氢作为减碳特性显著的清洁能源，被视为实现碳中和的关键工具，在能源转型中的价值日益凸显。

1.2.1　碳中和对绿电的需求

绿电是指由可再生能源产生的电力，来自太阳能、风能、水能等。在实现碳中和过程中，规模化、基地化发展绿电，多领域应用绿电，是电力领域减少碳排放的主要手段之一。随着全球新型用电技术创新突破以及节能减排要求，全球电力消费将不断增加，绿电需求随之显著提高。

2022 年全球用电量 26.8 万亿千瓦时，预计 2035、2050、2060 年用电量将分别增至 50 万亿、81.9 万亿、89.2 万亿千瓦时左右，占终端能源消费的比重分别达到 37%、63%、70% 左右。其中，在难以直接实现电气化的领域，如航空、航海、化工、高端制热、电制原材料技术等产业，可采用电–氢协同发展，推动间接电能替代，预计 2035、2050、2060 年间接用电规模分别为 2.9 万亿、15 万亿、20 万亿千瓦时，占总用电量的比例分别为 5.7%、18%、22%。全球电力供应转变为清洁主导，预计 2035、2050、2060 年全球电源总装机容量将分别为 205 亿、373 亿、399 亿千瓦，清洁能源发电装机占比由 2022 年的 44% 分别提升至 76%、90%、97.7%，清洁能源发电量占比由 2022 年的 39% 升至 74%、

91%、95%，其中，燃氢发电技术预计 2030 年以后逐步成熟投入使用，2035、2050 年全球燃氢装机规模接近 4300 万、8.7 亿千瓦，2060 年将超过 10 亿千瓦，燃氢发电量约 1000 亿、1.6 万亿、2 万亿千瓦时。

中国 2022 年用电需求约 8.6 万亿千瓦时，预计到 2030 年，全国终端用电需求（含制氢用电）将达到 13 万亿千瓦时，电源装机容量超过 52 亿千瓦❶，煤电占比降至 29% 左右，清洁能源装机占比超过 68%，清洁能源发电量 7.8 万亿千瓦时，占比超过一半。2050 年，终端用电需求（含制氢用电）接近 19 万亿千瓦时，电源装机容量 95 亿千瓦，其中煤电占比逐步降至 10% 以下，清洁能源装机占比 88%，清洁能源发电量约 18 万亿千瓦时，占比超过 87%。到 2060 年步入全面实现碳中和阶段，终端用电需求（含制氢用电）接近 20 万亿千瓦时，电源总装机容量 114 亿千瓦，其中煤电占比降至 5% 以下，清洁能源装机占比约 92%，发电量占比 95%。其中，燃氢发电技术 2030 年以后开始推广应用，预计 2050、2060 年装机和发电量占比接近 1%。

1.2.2 碳中和对绿氢的需求

1. 全球绿氢需求

绿氢是通过可再生能源（如太阳能、风能）电解水产生的氢气，最大的特点是在生产储存、运输和应用过程中都能够实现零碳排放。绿氢不仅可以作为清洁能源、清洁原材料，还可以作为能源形式转化的重要载体，将清洁电力引入非电用能领域，如交通、化工业等领域，因此高效利用绿氢是实现碳中和目标的重点手段之一，应用前景十分广阔。

目前，全球已有 30 多个国家推出氢战略、制定氢能发展路线图，并出台了一系列氢能产业规划和支持政策，为氢能发展奠定了坚实基础。日本早在 2017 年就推出了《基本氢能战略》，计划在 2030 年形成 30 万吨/年的供应能力，建设加氢站 900 座。目前日本氢能和燃料电池技术专利数量居全球第一，燃料电池汽车和家用燃料电池热电联供系统已步入商业化推广早期阶段。美国和欧洲部分国家氢能也从技术研发走向产业推广阶段，在氢能产业链上、中、下游都已拥有代表性企业，加氢站等基础设施建设也处于全

---

❶ 按照中国电力企业联合会统计口径，总装机计入抽水蓄能和燃氢装机，不计储能电池装机，下同。

球领先地位。2020 年 7 月，欧盟发布了《欧盟氢能战略》和《欧盟能源系统整合策略》，希望借此为欧盟设置新的清洁能源投资议程，以达成在 2050 年实现碳中和的目标，同时在相关领域创造就业，进一步刺激欧盟在疫情后的经济复苏。

2022 年，全球氢能需求达到 9500 万吨，同比增长 3%，约占全球终端能源消费总量的 2.5%❶，超 99%的氢需求集中在工业和炼油领域，其中炼油、合成氨以及合成甲醇三大产业用氢量超过全球用氢量的 70%，只有不到 0.1%用于重工业、运输或发电领域。由于成本和技术问题，98%的氢气生产来自传统化石资源的热化学重整，不到 2%的氢产能来自电解水制氢等低碳氢能。

根据全球能源互联网发展合作组织研究分析，预计到 2030 年，全球绿氢需求达到 3800 万吨，约占全球终端能源消费总量的 1.4%，对应增加电能消费约 2 万亿千瓦时。除原有化工行业应用外，绿氢在交通、冶金领域的应用成为主要的需求增长点，氢发电及绿氢化工实现示范应用。绿氢生产和消费将以就近开发、中短距离输送为主；在天然气管网基础设施完善的地区，如欧洲、北美等，逐步提高天然气管道掺氢比例或部分改造为纯氢管道；清洁能源资源丰富且具备良好港口设施的地区，如西亚、澳大利亚等，建设示范工程，以液氢或氢化合物等形式将氢能海运出口。

到 2050、2060 年，全球绿氢需求量分别超过 3.8 亿、4.6 亿吨，在终端能源消费中分别占 10%、13%左右，增加电能消费 13 万亿～16 万亿千瓦时，占全社会用电量的 20%。**工业领域**，氢能占工业用能总量的比重将超过 10%，2050 年预计用氢量超过 2.3 亿吨，其中 7000 万吨氢用于生产工业原材料，如合成氨、甲醇、甲烷等。**交通领域**，氢主要应用于对续航里程和载重能力要求较高的大型客车、重型货运卡车以及轮船、飞机等，用氢量 9300 万吨左右。**发电领域**，大型固定式发电主要采用氢燃气轮机，分布式应用场景主要采用氢燃料电池，用氢量超过 6000 万吨。**建筑用能领域**，利用天然气管网设施掺氢，满足空间取暖、生活热水等方面用氢需求，用氢量 2900 万吨。

2. 中国绿氢需求

中国是全球制氢第一大国，2022 年氢气产量约 3780 万吨，大部分为煤气化制氢以及烃类蒸气转化制氢，约占全国终端能源消费总量的 3.3%，95%作为化工原料，其中合成氨、合成甲醇分别占年用氢量的 33%、28%。

---

❶ 数据来源：国际能源署（IEA）. 全球氢能回顾 2022.

根据国家发展改革委、国家能源局印发的《氢能产业发展中长期规划（2021—2035年）》，明确了氢能是中国未来国家能源体系重要组成部分、用能终端实现绿色低碳转型重要载体、战略性新兴产业和未来产业重点发展方向的能源属性和发展定位。各个省（区、市）也陆续通过发布的一系列氢能产业发展规划和指导政策，因地制宜地培育氢能产业，突出本地优势及特色，积极打造完善的氢能产业生态，支持氢能产业高质量发展。预计中国氢能产业发展将在 2030 年后逐步实现规模化应用，2035 年绿氢技术经济性迈过拐点、开始提速增长，煤、油、气将梯次被电氢替代，2050 年前后，氢能成为能源体系的重要组成部分。

中国氢能消费中，预计 2030 年绿氢需求约 1000 万吨，其中 880 万吨用于终端能源消费，占氢能总消费量的 25%，折合耗电量 4400 亿千瓦时，占全社会用电量比重 3.4%；分行业看，工业、交通、建筑三大领域绿氢需求分别为 500 万、380 万、1 万吨。2050 年，全国绿氢总量合计 8000 万吨，其中 6800 万吨用于终端能源消费，占氢能总消费量的 79%，折合耗电量 3 万亿千瓦时，占全社会用电量比重 15.8%；分行业看，工业、交通、建筑三大领域绿氢需求分别为 4400 万、2300 万、80 万吨；绿氢发电需求总量约 1300 万吨，占氢能总消费量的 12.7%，发电量 0.23 万亿千瓦时，占全国发电量比重 1.1%。2060 年，全国绿氢需求合计 1 亿吨，其中 8400 万吨用于终端能源消费，占氢能总消费量的 83.4%，折合耗电量 3.7 万亿千瓦时，占全社会用电量比重 18.3%；分行业看，工业、交通、建筑三大领域绿氢需求分别为 5100 万、3200 万、160 万吨；绿氢发电需求总量约 1600 万吨，占氢能总消费量的 13.6%，发电量 0.3 万亿千瓦时，占总发电量比重 1.2%。

1.3　电氢碳协同发展的必要性

电氢碳协同发展是指将电能、氢能、以煤为代表的化石能源等不同能源品种结合在一起，形成一个整体的对外零碳排放，内部氢、碳等元素作为能量载体循环利用的能源－物质转化体系，利用绿电与绿氢等新兴化工产业、高碳产业的协同发展，促进清洁能源在生产侧、消费侧的双重替代，对推动实现全球碳中和目标、加速能源电力转型、高效消纳清洁能源具有重要意义，并为引领未来产业布局、科技创新，推动经济社会可持续发展提供源源不断的绿色生产力。

1.3.1　电氢碳协同发展是实现全社会深度脱碳的有效举措

千百年来，地球上的碳元素以价态变化的形式成为能量载体循环使用，通过地球海－陆－气系统相互作用及生物、物理和化学过程不断交换达到循环的"自平衡"。工业化后，这种平衡因受到人类过度使用影响而发生改变。碳中和目标的提出不是要将碳元素隔离在人类生活和生产之外，而是利用清洁能源减少碳元素的过度使用、借助新技术方案控制人类活动碳排放体量，通过人为干预的方式重建碳元素的良序循环。

电、氢、碳作为现代社会不可或缺的能源形式，一直以不同形式满足着特定应用领域的用能需求。电氢碳协同发展是通过电力、氢能和碳的耦合作用，分别发挥它们各自的优点，相互补充，加速在能源生产侧、消费侧实施电/氢替代及二氧化碳的资源化利用，整体过程覆盖了碳替代、碳减排、碳封存和碳循环等 4 种主要碳中和途径，可有效促进全社会深度脱碳。其中，电替代是利用水电、光电、风电等"绿电"实现火电替代；氢替代是用"绿氢"作为能源、还原剂或原料实现"灰氢"替代，同时在难以直接用电替代的领域，通过电－氢转换方式，实施间接用电替代；二氧化碳的资源化利用是采用碳捕集技术捕集二氧化碳，通过氢+碳制甲醇、乙烯等方式，使碳参与到氢能的储存和运输之中，提高氢的可利用性和安全性，同时降低大气中二氧化碳含量。

电氢碳的协同发展优化能源结构、促进清洁能源高效利用和多元化发展，同时通过构筑零碳清洁的能源－物质转换体系，碳元素被重新定位，再次参与到能源生产、配置和消费过程中，既可满足能源电力、工业领域的减排需求，也为其他行业排放的二氧化碳提供了综合利用渠道。

1.3.2　电氢碳协同发展有助于加速能源电力转型

电氢碳协同发展形成以绿色电能为中心、以绿色氢能为载体，以低碳转型的化石能源为重要补充的综合能源体系，实现多类型的清洁能源跨领域互补融合应用，是一种新型高效的能源电力转型路径。

改善能源供应结构，保障能源供应安全。以中国为例，能源供应结构中石油和天然气占比共达到 26%，2022 年其进口量占消费总量的比重分别达到 71% 和 41%，能源安全形势较为严峻。电能和氢能作为不同的清洁能源品种，可以相互补充，实现清洁能源多元化发展，降低石油和天然气等化石能源的对外依存度。此外，氢能拥有比化石能源更高的能量密度，单位质量氢燃料的热量达到 120～142 千焦/克，约是汽油的 3 倍，是煤炭的 4 倍。在电力富集区域协同开发氢能，合理布局绿电绿氢基地，优化配置输电输氢规模，可以改善地区能源资源分布不均衡、供应结构单一等问题。

满足新能源灵活调节需求，加速新型电力系统构建。相对电能，氢能具有大规模、长周期储存优势。在构建以新能源为主的新型电力供应体系中，新能源出力带来的随机性、间歇性和季节性不均衡等问题使系统的灵活性和供电稳定性大幅降低，发挥氢储能、氢发电的灵活调节作用，在用电低谷期，通过电解水制氢技术可将富余电力转化为氢能进行存储；在用电高峰期，利用氢发电设备将氢能转化为电能回输至电网，既可解决新能源大规模开发的消纳问题，提高新能源利用率，又可以利用氢储能、氢发电设备参与新型电力系统的灵活调节，满足新能源发电的跨季节灵活调节需求，提高电力系统运行的安全性、稳定性和韧性。

扩宽清洁能源应用范围，促进用能行业高质量发展。绿氢相比其他能源，更容易实现与绿电的双向转化、相互耦合。通过电氢碳协同发展，两种能源可在更多场景下发挥重要作用，应用范围不仅可以覆盖能源电力、交通和工业等主要用能领域，还可为建筑、农业、城市环境治理的用能转型提供发展思路，如使用电-氢-热的能源转换代替用于供暖、制冷、照明、灌溉等。此外，在传统化石能源原材料体系的基础上，利用电氢碳协同方式发展以二氧化碳、水、氮等为基础的电制原材料体系，生产出具有更高附加值的合成氨、甲醇、轻烃燃料、碳基新材料等重要化工产品，不仅可以降低环境压力，还可以利用绿电、绿氢的零碳属性，赋予电制原材料更高的绿色价值，取得更广泛的市场准入资格，促进行业向高端化、多元化升级发展。

1.3.3　电氢碳协同发展是发展绿色生产力的表现形式

绿色发展是高质量发展的底色，发展绿色生产力是发展新质生产力的重要体现。在新发展理念指导下，将发展生产力和保护生态环境有机结合，对加快经济产业绿色转型，实现经济社会可持续发展具有重要意义。电氢碳协同发展作为绿色生产力的表现形式，对实现大规模新能源消纳利用、促进煤电资产高效低碳的延寿使用、降低国家能源对外依存度、提升国家能源安全、促进经济发展以及保护环境都具有显著的意义。

电氢碳协同发展中，清洁能源开发利用属于重要的战略性新兴产业，电氢碳协同发展将激发行业活力，促进能源电力领域新兴产业规模的不断壮大，承接科技成果转化应用的空间不断拓展，为经济增长提供清洁动能；绿氢、储能、高效多能转换等均属于前瞻谋划的未来产业，将引发电解水制氢、氢能储存和运输、碳捕获和储存等一系列能源生产与工业制造低能耗化的技术革新。其中，绿氢作为一种创新性产业，其产业链长、关联度高、带动能力强，可以向多个领域延伸发展，例如以绿氢产业带动传统煤炭化工产业升级，推动产品结构向高端化、多元化发展，通过"清洁能源 – 绿氢 – 储能 – 化工制造"模式零碳闭环产业链，实现绿氢与其他化工产业融合，满足未来产业发展和市场高端需求。

电氢碳协同发展代表着未来绿色能源科技和产业发展方向之一，对壮大战略性新兴产业和未来产业部署产生深远影响，极有可能发展为新兴产业乃至主导产业，对发展绿色生产力、推动经济社会清洁可持续发展具有重大带动作用。

2

电氢碳协同的新能源
基地开发思路

　　基地化开发具有规模大、效率高、占地省、成本低等优势，是全球新能源开发的重要模式，但随着新能源基地化开发范围的扩大、并网规模的提高，电网配置能力不足、供需平衡季节矛盾加大、安全稳定供电压力增加等问题更加凸显，特别是在沙漠、戈壁、荒漠等新能源基地重点开发地区，急需探索新的新能源基地开发模式，同步开展风光资源开发与系统调节能力建设，合理配置全时间尺度灵活调节资源，确保电力系统安全稳定和电力充足可靠供应。

2.1　大力开发新能源基地

2.1.1　全球新能源基地布局

全球风电、光伏理论蕴藏量 2000 万亿、21 亿亿千瓦时。按照"集约化规模化、技术可行、经济优先、就近消纳"的开发原则，经评估[1]，全球**适宜集中开发的风电潜力**约 1300 亿千瓦，年发电量 350 万亿千瓦时，利用小时数 2692 小时，陆上风电成本可低至 1.75 美分/千瓦时，海上风电成本低至 4 美分/千瓦时，主要分布在亚洲西北部、欧洲北部、北美洲北部、南美洲南部及大洋洲西部等地，其中东非红海沿海、南美洲南部和欧洲北海风电基地开发条件最佳。**适宜集中开发的光伏潜力**约 2.64 万亿千瓦，年发电量 5000 万亿千瓦时，利用小时数 1887 小时，开发成本可低至 1.65 美分/千瓦时，主要分布在亚洲西部与中部、非洲北部和南部、南美洲西部以及澳大利亚中部和北部等地，其中中东、北撒哈拉沙漠和南美阿塔卡马沙漠边缘地区光伏基地开发条件最佳。

全球大型风电基地总体布局见图 2.1，全球大型光伏基地总体布局见图 2.2。

2.1.2　中国西部北部新能源基地布局

中国西部北部地区**风电基地化开发潜力**约 29 亿千瓦，利用小时数 2746 小时，开发成本可降至 0.13 元/千瓦时，主要分布在内蒙古鄂尔多斯、锡林郭勒、甘肃酒泉、新疆哈密等地；**光伏基地化开发潜力**约 50 亿千瓦，利用小时数 1769 小时，开发成本可降至 0.11 元/千瓦时，主要分布在青海海西、内蒙古阿拉善、甘肃河西走廊、新疆哈密等地；**光热基地化开发潜力**约 4.2 亿千瓦，利用小时数 4069 小时，开发成本 0.43 元/千瓦时，主要分布在西藏日喀则、青海海西、新疆哈密、甘肃酒泉等地。

---

[1]　全球能源互联网发展合作组织. 全球清洁能源开发与投资. 北京：中国电力出版社，2020.

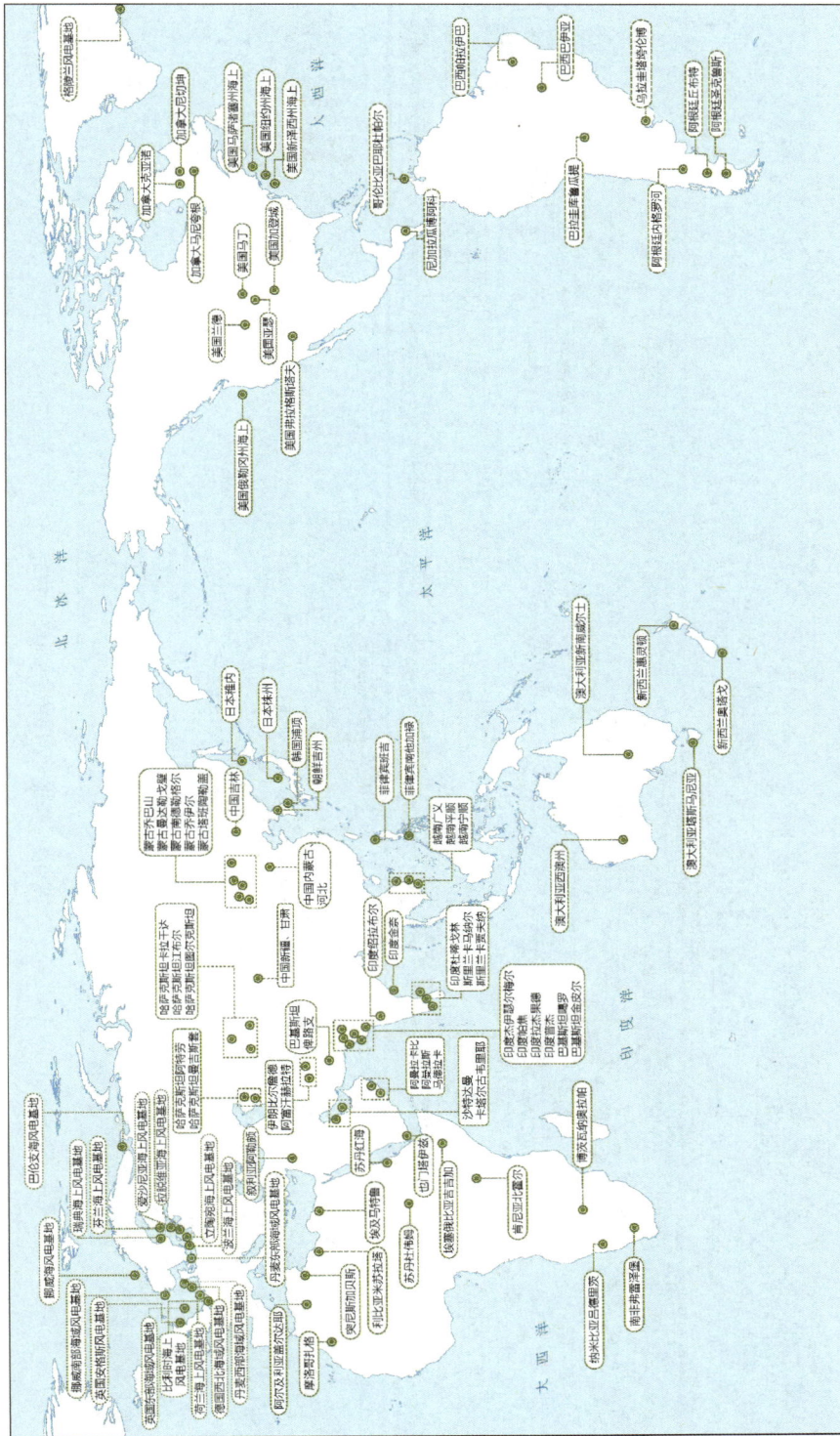

图 2.1 全球大型风电基地总体布局

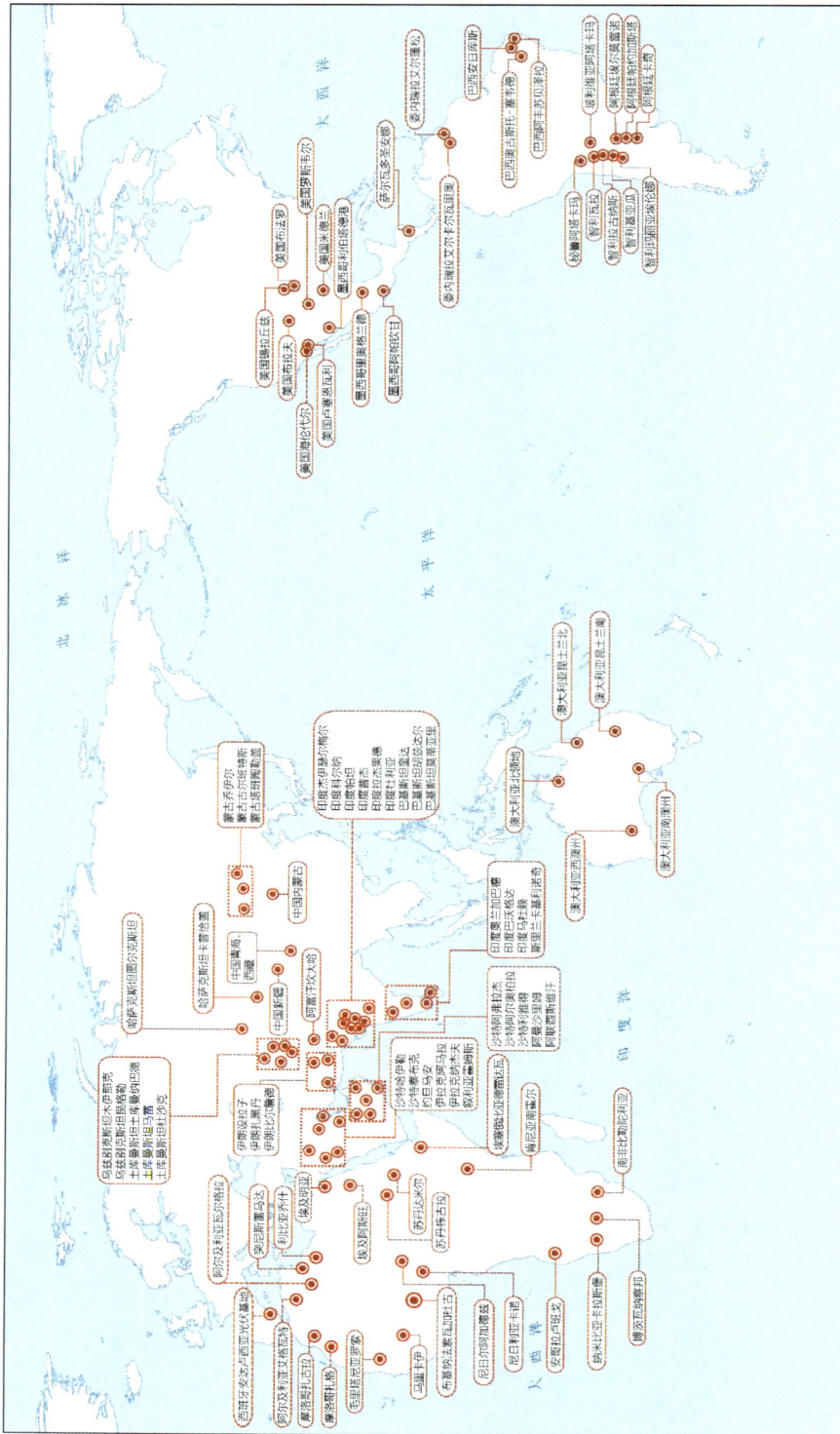

图 2.2　全球大型光伏基地总体布局

其中，**西北地区**，风电、光伏、光热可基地化开发潜力分别约 10 亿、33 亿、2.4 亿千瓦，风电基地主要分布在新疆准东、哈密、若羌、伊犁、库尔勒，甘肃酒泉、张掖，宁夏中卫、盐池，陕西锦界等地以及青海花土沟、格尔木等地，光伏基地主要分布在新疆伊犁、库尔勒、哈密、若羌，青海格尔木、青海湖、德令哈、花土沟，甘肃酒泉、张掖、武威，宁夏灵武，陕西锦界等地区。

华北与东北地区，风电、光伏、光热可基地化开发潜力分别约 17 亿、12 亿、1.6 亿千瓦，80% 的资源集中在内蒙古。风电基地资源主要集中在内蒙古阿拉善、巴彦淖尔、乌兰察布、赤峰、科尔沁以及河北丰宁、张北，山西朔州，辽宁黑山，吉林白城、松原，黑龙江齐齐哈尔、大庆等地；光伏基地资源分布在内蒙古包头、阿拉善、鄂尔多斯、和林格尔、乌兰察布，山西忻州，河北张北、丰宁，辽宁建平，黑龙江泰来、肇源等地区。

西南地区，风光可基地化开发资源分别约 1 亿、5 亿千瓦，风电基地主要集中在西藏昌都丁青、拉萨当雄，四川金上、阿坝，云南小湾、楚雄、昆明北、文山，贵州安顺、黔西南等地的；光伏基地主要分布在西藏雅鲁藏布江沿岸、昌都，四川甘孜北、阿坝，云南楚雄、昆明文山、罗甸，贵州六盘水等地区。

西部北部风电、光伏、光热基地总体布局见图 2.3。

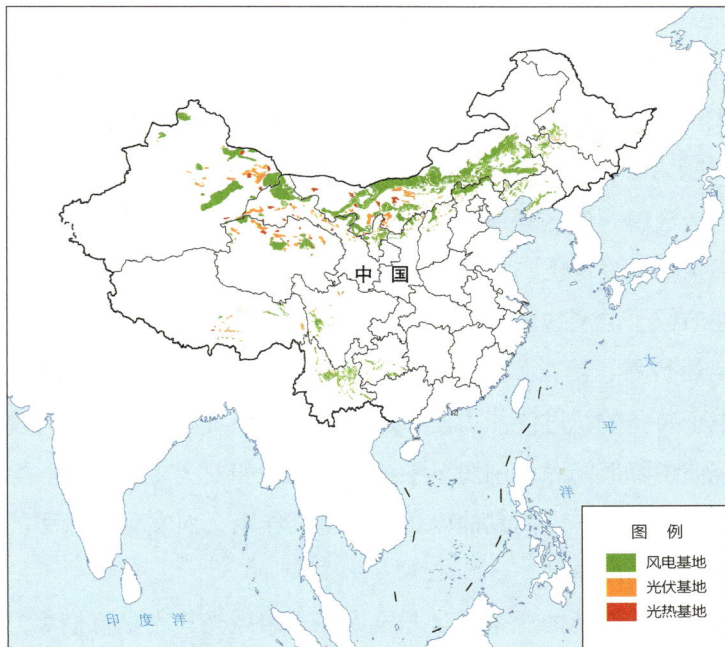

图 2.3 西部北部风电、光伏、光热基地总体布局

2.2   差异化新能源基地开发

2.2.1   新能源基地化开发挑战

伴随全球清洁电力需求的刚性增长，新能源基地化开发外送不断推进，新能源作为主体参与电力电量平衡，对系统灵活调节能力提出更高要求，新能源基地周边灵活调节手段不足，输电通道有限和电网配置能力不足，主网对基地并网和外送的支撑能力弱等问题也更加突出。特别是沙戈荒等新能源资源重点开发地区，位置偏远、水电资源不足，"风光火+"的开发方式与能源电力行业降碳需求之间的矛盾日益凸显，新能源绿电价值未能得到充分体现。

从灵活调节能力看，新能源出力存在不确定性强、可靠容量小，大发时段与负荷需求匹配度低等问题。新能源基地周边灵活性调节电源有限，新的零碳/低碳调节资源不足且建设速度与新能源快速发展不适应，大规模的新能源基地开发外送将加大系统短期日内电力平衡和长期季节电量平衡难度，增加电力安全保供压力，新能源电力也无法充分利用。

从电网配置能力看，新能源基地大多与电力需求中心呈现逆向分布，新能源基地化开发严重依赖外送通道，外送通道数量受地理、环保等多重因素约束；新能源出力波动与灵活性电源不足导致发电侧与用电侧不匹配，外送通道利用率难以提高；同时沙戈荒地区新能源基地多位于电网边缘地区，对新能源汇集能力有限。

从安全稳定运行看，新能源接入比例的提升带来了系统装备的电力电子化，相比于同步机，电力电子装备的抗过流能力差，对继电保护系统要求更高。大规模电力电子设备应用带来系统惯量降低问题，削弱了系统的抗扰性和安全支撑能力。电力电子设备控制环之间、电力电子设备与电网其他设备之间相互作用会引发更宽频率的系统振荡，同步稳定与新形态稳定问题叠加。

从开发模式看，传统新能源基地化开发大多采用风光与火电打捆等方式，利用火电的调节能力提供灵活性支撑。随着新能源基地开发规模增大，一味通过新建火电提升调节能力、支撑新能源基地电力外送的方式不再适用，一方面火电发电挤占了部分新能源电量的消纳空间，另一方面不利于能源电力领域的减碳，同时也不能满足下游用电企业对绿电的需求，对其产品绿色认证带来制约。

2.2.2　差异化新能源开发策略

针对新能源大规模基地化开发面临的挑战，统筹考虑各类能源资源特性、创新发展模式、推进产业协同，推动新能源高质量发展。全球能源互联网发展合作组织立足推动能源转型、构建全球能源互联网的宗旨，差异化地提出了新能源高质量开发策略。

1. 水电资源富集地区

水电富集地区的新能源集约化基地化开发可采用"水风光协同开发模式"，通过水风光协同开发、推进电网互联、建设新型抽水蓄能等举措，推动水电和抽水蓄能的调节能力更大范围优化利用，促进新能源更大规模开发、互补互济和优化配置，适用于中国西部地区，巴西北部、东非、西非及南部非洲等地区。

以中国西部地区为例，西南集中了雅砻江等八大流域水能资源，西北黄河上游地区水能资源也较为丰富，可采用水电扩容、建设常规抽水蓄能、发挥龙头水库流域调水蓄能作用等方式充分利用本地水电灵活调节能力，支撑大型风光基地开发；此外，西北地区利用临近西南的区位优势，通过采用跨区联网等方式实现水电灵活调节能力跨区共享，支撑西北新能源资源更大规模开发。同时，全球能源互联网发展合作组织还提出新型抽水蓄能理念❶，结合西北—西南地区跨流域调水需要，以新能源基地化开发的新能源为动力，建设多功能抽水蓄能工程，构建电–水协同的"输–储"一体化网络，根据用水及储能需求，灵活选择"就地抽发"或"异地抽发"等运行方式，兼顾水资源优化配置和灵活性资源短缺问题，助力更大规模新能源开发。基于新型抽水蓄能的跨流域调水工程同样可适用于非洲撒哈拉、南美西部沿海、中亚等地区。

水电资源富集地区新能源基地开发策略见图 2.4。

2. 水电资源不足地区

当前，北非埃及、西亚沙特阿拉伯等地区以及中国东北、华北和西北等地区水电资

---

❶ 全球能源互联网发展合作组织. 中国清洁能源基地化开发研究. 北京：中国电力出版社，2023.

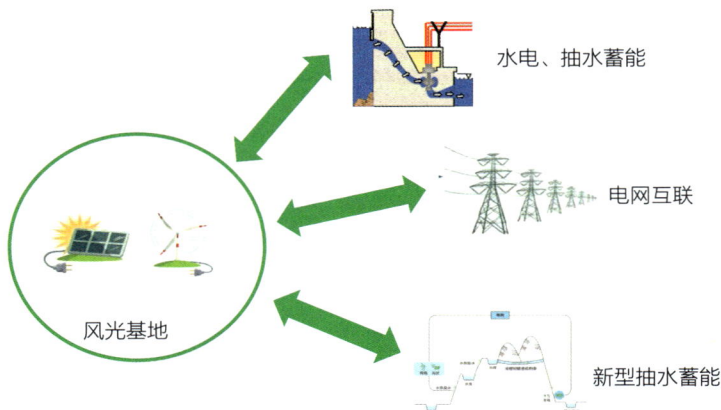

图 2.4　水电资源富集地区新能源基地开发策略

源不足，可支撑新能源基地开发的配套电源主要是火电，考虑当地清洁能源资源"多风、富光、少水"的特点，未来难以通过大规模开发水电和常规抽蓄为系统提供调节资源。同时，考虑这些国家和地区化工及高耗能产业基础好，如沙特阿拉伯的石油化工、埃及的化肥等产业在全球举足轻重，华北则是我国的煤化工、粗钢、有色金属冶炼基地。因此，上述地区可结合水电资源不足、高载能产业比重高的特点，统筹考虑新能源基地绿电就地消纳和外送消纳、灵活调节资源和储能配置需求、火电清洁低碳可持续发展、传统高载能产业降碳以及新兴的绿氢、绿氨、绿色甲醇及其衍生产业发展制定新能源开发策略，**通过电氢碳协同发展促进新能源基地化大规模开发。**

水电资源不足地区新能源基地开发策略见图 2.5。

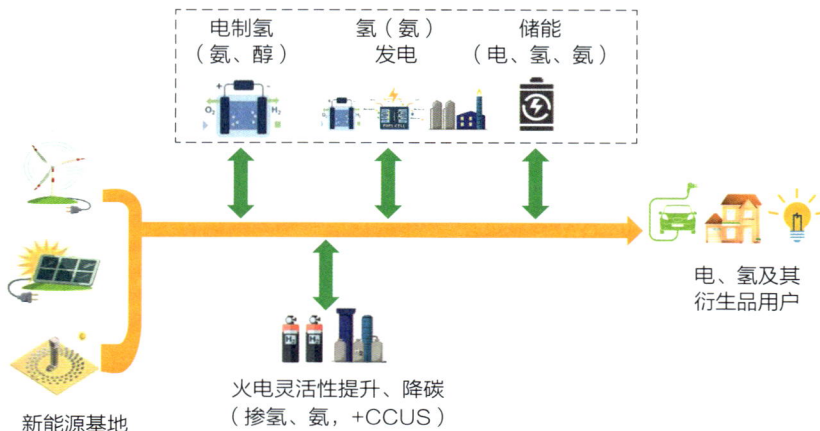

图 2.5　水电资源不足地区新能源基地开发策略

专栏 2.1	水资源不足地区制氢用水分析

水是制氢的主要原料，用水来源是绿氢开发需要考虑的关键因素之一。电制氢理论水耗至少为 9 千克水/千克氢气，考虑到当前实际生产过程中水的脱矿损耗、产物氢气和氧气排出会带走一部分水蒸气等因素，实际水耗为 18～22 千克水/千克氢气，低于煤气化制氢耗水的 31 千克水/千克氢气。同时，对比当前"风光火"的新能源基地开发模式，利用氢发电作为配套调节电源支撑新能源基地开发，按照 1 千克氢可发电量 20 千瓦时测算，余电－制氢－氢发电方式的单位发电水耗平均值约 1 千克/千瓦时，持平我国当前煤电机组单位发电水耗 1.3 千克/千瓦时。未来，随着技术发展，电－氢转化效率提高、热能损耗逐步降低，估算电解效率每提高 1%，制备绿氢取水量和用水强度就会下降约 2%。预计到 2050 年氢转化效率由现在的 70% 提高到 90%，平均取水量和耗水量可降低约 40%，水耗为 11～14 千克水/千克氢气，余电－制氢－氢发电方式的单位发电水耗平均值约 0.6 千克/千瓦时。

在淡水资源不足的情况下，沿海地区可以采用海水淡化技术解决制氢水源的问题，如北非、西亚以及南美智利地区。以当前成熟的反渗透法为例测算，海水淡化耗电量约 3 千瓦时/立方米，成本一般在 0.5～1 美元/立方米。考虑到水的短途运输成本，以及对海水淡化后产生的浓盐水的处理成本，此场景下电制氢的用水成本为 1.5～2 美元/立方米。按此测算，海水淡化将增加电制氢耗电 0.06 千瓦时/千克氢气，仅占电制氢总耗电的 1‰；增加电制氢成本 0.03～0.04 美元/千克氢气，不超过电制氢成本的 2%。总体来看，除内陆沙漠地区以外，水源问题并不会成为绿氢发展的制约因素。

2.3   电氢碳协同的新能源基地开发思路

全球能源互联网发展合作组织秉承全球能源互联网理念内涵，立足解决偏远、水电资源不足地区的新能源开发灵活调节不足、输送消纳困难等重大问题，立足处理好新能源与传统能源、电网、上下游产业及新兴业态之间的协同发展关系，提出**电氢碳协同的**

新能源基地开发的新思路，将绿电、绿氢及其他绿色氢基产品的生产和利用与二氧化碳的减排和利用通过技术对接、供需衔接、产业承接等方式结合起来，形成新能源基地"**灵活资源就近协同、电氢（氨/醇）多措并举、上下游产业共同发力**"的新发展模式，推动绿电稳定可靠供应、绿电绿氢高效消纳、传统产业降碳和新兴产业培育，促进相关产业和经济社会整体绿色低碳发展。

一方面充分利用绿电规模化制氢（氨/醇）的负荷灵活性，配套储电/储氢（氨）、氢（氨）发电以及火电富氧燃烧、掺氢（氨）发电，为新能源基地提供短期至长期全时间尺度零碳/低碳灵活调节资源，解决基地近区低碳调节资源匮乏、配套调节火电降碳难等问题，提高新能源基地发电的稳定性和可控性，**保障电力安全可靠供应，更好匹配受端负荷用电特性，提高基地送出通道利用率**。

另一方面通过"绿电绿氢就近与外送消纳并举、上下游产业共同发力"，全面推动能源生产、配置、消费的模式、技术、机制、政策创新，促进绿电、绿氢在传统冶金、化工、建材等高载能、高碳排放产业和新兴氢基化工产业中的应用，**促进新能源更大规模开发、广域高效配置和多元灵活消纳，协同实现新能源基地开发与相关产业绿色低碳发展**。

电氢碳协同的新能源基地开发思路总体示意见图2.6。

电氢碳协同的新能源基地开发的内涵十分丰富，从生产环节来看，主要涵盖绿电与绿氢生产协同，绿电与绿氨、绿色甲醇等氢基产品生产协同，绿电、绿氢也可与煤电低碳转型协同，以及与冶金、化工等传统高载能产业协同等方面。

绿电与绿氢生产协同。电制氢作为高度可调节负荷，是重要的灵活性调节资源，配合氢发电，能够为系统提供电力和电量支撑。通过优化电力送出、制氢用能的生产比例，可以在保障经济性的条件下实现绿电－绿氢的协同联动发展。

绿电与绿色氢基产品生产协同。在绿氢生产基础上，将制氢、制氨负荷的灵活性与风光出力的波动性匹配，减少储电、储氢的配置需求，制氢、制氨工艺可以进一步与火电碳捕集的二氧化碳结合生产绿色甲醇、绿色甲烷、绿色尿素等产品，实现碳的高效循环利用或二次利用。

绿电、绿氢与煤电低碳转型协同。绿电制氢副产的大量氧气提供给煤电富氧燃烧，能够大幅度降低碳捕集的成本，促进煤电机组深度调峰改造；同时煤电排放的二氧化碳捕集后与氢合成甲醇，实现了变废为宝，也为二氧化碳固化利用提供了综合解决渠道。

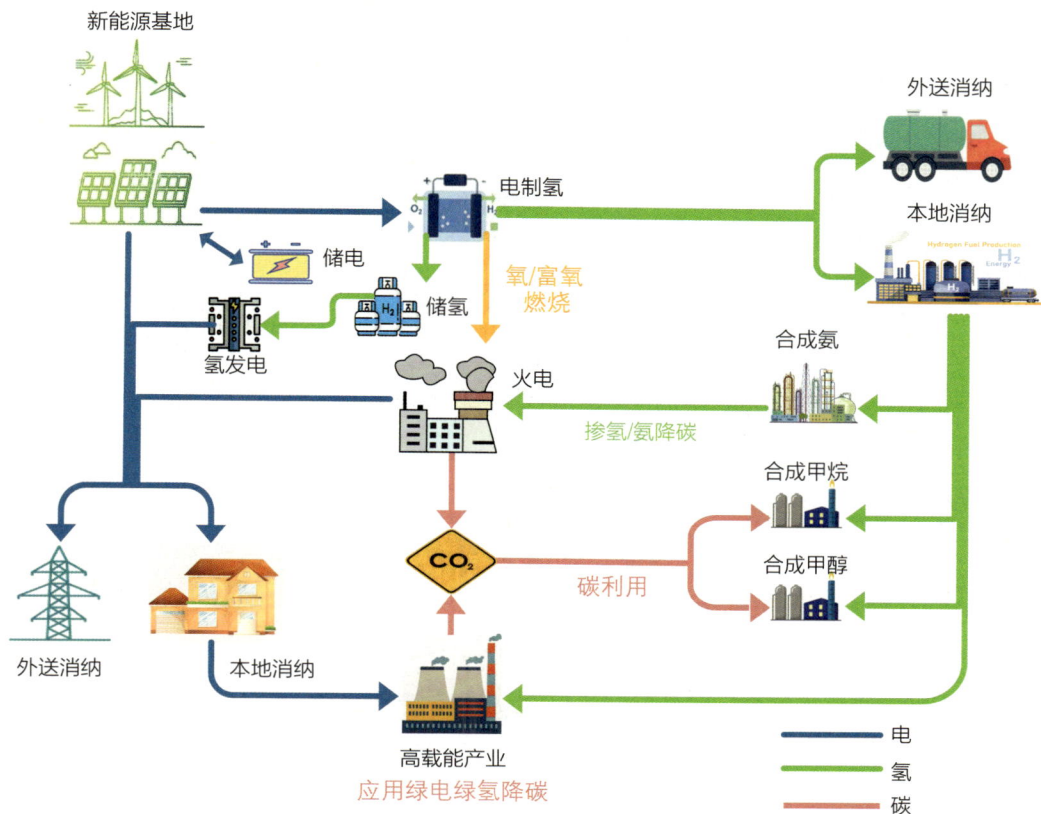

图 2.6 电氢碳协同的新能源基地开发思路总体示意图

绿电、绿氢与传统高载能产业协同。新能源基地生产的绿电和绿氢可就近在本地的冶金（炼钢、炼铝等）、化工（煤化工、石油炼化等）和建材（水泥生产等）等传统高载能产业的节能降碳和绿色发展中充分应用，满足其工艺流程中的用电、用氢和制热需求。同时，对传统高载能产业中的碳排放也可以进行碳捕集，并与绿氢结合，生产绿色甲醇等产品。

3

电氢碳协同发展的关键技术

绿电、绿氢及其他绿色氢基产品一体化开发，将氢/氨/醇制取的灵活负荷与波动的可再生能源发电配合，可解决新能源基地大规模开发带来的系统灵活调节能力不足、清洁电力消纳困难、电网安全运行压力提升等问题，同步满足绿电可靠送出与绿色氢基产品稳定生产的要求，实现源网荷储良性互动。同时，利用制氢副产氧气替代空气可促进燃煤机组富氧燃烧碳捕集技术改造，绿电制取甲醇也为捕集的二氧化碳提供有效的利用途径。此外，推动以绿电、绿色氢/氨/甲醇作为低碳能源替代化石燃料，以绿氢作为生产原料替代现有技术，实现能源电力行业及冶金、化工、水泥等高耗能行业原料和燃料的替代，对于间接扩展新能源的应用范围，促进各领域低碳转型具有重要意义。

3.1 电制氢技术

3.1.1 氢制取技术

生产绿氢的重要途径之一是电解水制氢，包括阴极的析氢反应和阳极的析氧反应。主要反应式如下：

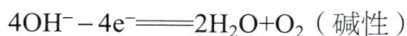

阴极：$4H^+ + 4e^- \Longrightarrow 2H_2$（酸性）

$4H_2O + 4e^- \Longrightarrow 2H_2 + 4OH^-$（碱性）

阳极：$2H_2O - 4e^- \Longrightarrow 4H^+ + O_2$（酸性）

$4OH^- - 4e^- \Longrightarrow 2H_2O + O_2$（碱性）

目前，电解水制氢的主要技术包括碱性电解槽（AEC）、质子交换膜电解槽（PEM）、阴离子交换膜电解槽（AEM）和高温固体氧化物电解槽（SOEC）等技术。

（1）碱性电解槽是目前技术最成熟、产业化程度最高的电制氢方式，具有分钟级启停速度，缺点是效率较低。电解池采用 20%～30% 的氢氧化钾或氢氧化钠水溶液及石棉隔层，以氢氧根离子为载流子，利用直流电将水分解。电解效率受电解材料影响明显，其中析氢阴极需要在高温、高碱浓度、高电流密度等条件下工作。目前阴极主要采用铁、镍合金等材料，阳极主要采用镍、钴、铁的氧化物。采用碱性电解槽的电制氢系统示意见图 3.1。

（2）质子交换膜技术使用全氟磺酸膜代替碱性电解槽中的石棉隔层和液体电解质，以纯水作为反应物、氢离子作为载流子，膜两侧为具有较高活性的贵金属催化剂。相比于碱性电解槽，质子交换膜的化学及机械性能稳定，可有效减小体积和电阻，提升电解效率，并可实现秒级功率调节，适用于车规级氢能、新能源出力波动大等场景。但是质子交换膜技术需要电极材料具有很高的耐腐蚀性、稳定性以及优秀的催化性能，阴极一般采用铂炭（Pt/C）催化剂，阳极采用氧化铱（IrO_2）或氧化钌（RuO_2）等，因此设备成本相对较高，目前处于商业化初期阶段。质子交换膜电解槽示意见图 3.2。

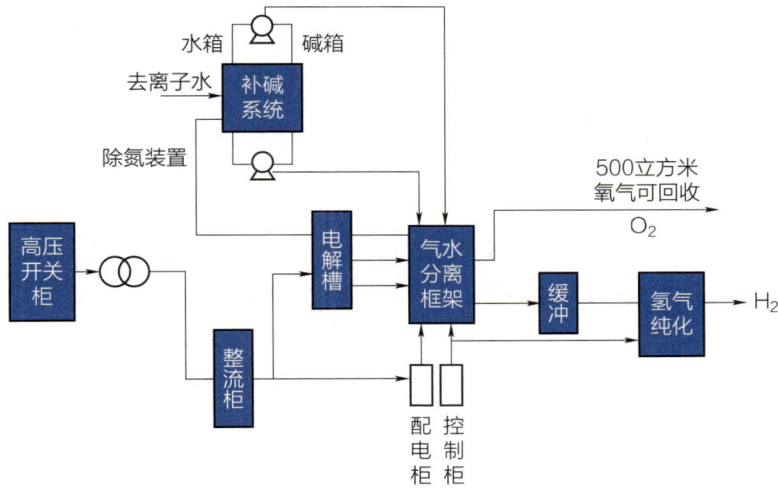

图 3.1 采用碱性电解槽的电制氢系统示意图

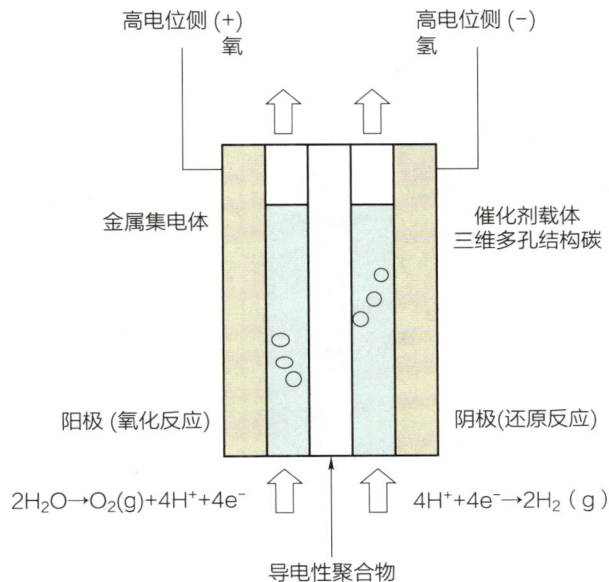

图 3.2 质子交换膜电解槽示意图

（3）阴离子交换膜结合碱性电解槽与质子交换膜的优点，以氢氧根离子为载流子，运行原理与质子交换膜类似，具有良好的灵活性，但相比质子交换膜的经济性更好，目前尚处于研发阶段。阴离子交换膜使用成本低廉的非金属催化剂和无钛元件，现阶段仍存在机械和化学稳定性的问题，使用寿命低于质子交换膜。根据电解质不同，阴离子交换膜可以分为碱性电解质系统和无碱液系统，前者技术难点在于提升电流密度及耐久性，后者技术难点在于提高膜的稳定性。

（4）高温固体氧化物电解槽可以看作固体氧化物燃料电池（SOFC）的逆运行，以高温水蒸气作为原料，氧离子作为载流子，通过较高的工作温度（700～850℃），改善电解反应的热力学和动力学特性，并可使用廉价的镍电极，是当前效率最高的电制氢方式。通过改变进料，高温固体氧化物电解槽还可用于碳回收及合成燃料。根据电解质载流子的不同，高温固体氧化物电解槽可分为氧离子传导型和质子传导型。电解槽中间是致密的电解质层，需要具有较高的离子电导和可忽略的电子电导，两边为多孔结构的氢、氧电极，可以增加电化学反应三相界面，并有利于气体的扩散和传输。目前，高温固体氧化物电解槽技术处于商业示范阶段，主要技术难点是降低装置启停对加速设备老化的影响，提升设备使用寿命。SOEC 原理见图 3.3。

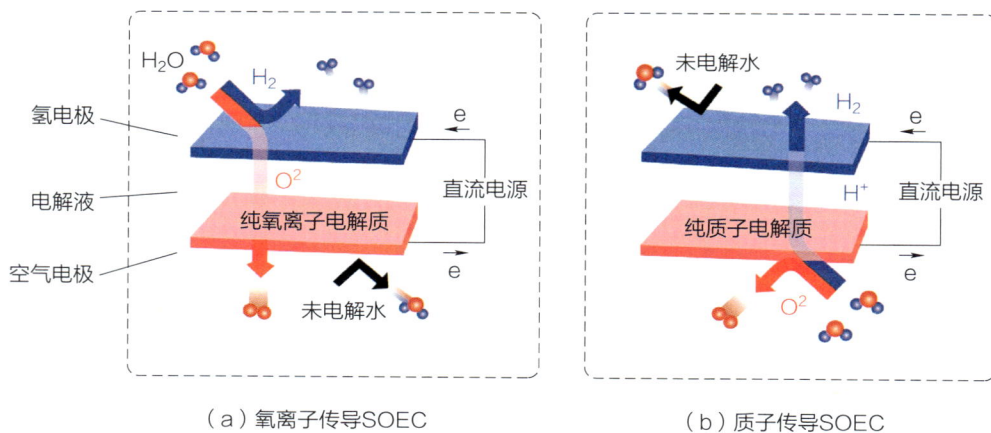

（a）氧离子传导 SOEC　　　　　（b）质子传导 SOEC

图 3.3　SOEC 原理

四种电解水制氢技术特性和参数对比见表 3.1。

表 3.1　　　　　　　　四种电解水制氢技术特性和参数对比

技术环节/参数	单位	AEC	PEM	AEM	SOEC
运行温度	℃	80～90	60～80	40～65	700～1000
电流密度	安培/平方厘米	0.2～0.6	1～5	0.2～2	0.2～0.5

续表

技术环节/参数	单位	AEC	PEM	AEM	SOEC
单台制氢规模	立方米/时	0.5～4000	0.01～300	—	约25
制氢电耗	千瓦时/立方米	4.2～5.5	4～5	4.2～4.8	2.6～3.6
电解效率	%	60～75	70～90	60～75	85～100
响应能力	—	分钟级	秒级	秒级	分钟级
设备寿命	—	20～30年	10～20年		约10000小时
技术阶段	—	产业化应用	商业应用	研发阶段	示范阶段

3.1.2　氢存储技术

氢的储存按照氢气存在状态可以分为高压气态储氢、液态储氢和材料储氢。

高压气态储氢技术指在临界温度以上通过高压将氢气压缩，以高密度形式储存气态氢，高压氢气通过压缩机获得后，多储存在高压储氢罐，此外也可以存于盐穴、岩洞、枯竭的油气藏水层等地下空间。当前，**高压气态储氢**是最为成熟的储氢方式，目前国际已实现70兆帕储氢罐的商业化应用，国内以35兆帕储氢罐为主，一般适用于较小规模存储场景，具有低成本、低能耗、易脱氢的特点。

液态储氢技术将氢气在高压、低温条件下液化，利用其高体积能量密度的特点，实现高效储氢，其输送效率也远高于气态氢，是常用的大容量氢气储运方式。但高压与低温的条件不仅对储氢罐的材质有较高要求，而且需要配套严格的绝热方案、冷却设备及使用特殊的升温阀等。因此低温液化储氢的储罐容积一般较小，系统的储氢质量密度在5%～10%。由于氢气液化要求的温度更低，过程耗能较高，氢气液化过程耗能占被液化氢气能量的25%～40%（10～16千瓦时/千克），远高于天然气液化消耗10%天然气能量的比例，因此低温液态储氢综合运行成本较高。目前，低温液态储氢的国际先进水平已进入规模化应用阶段，国内主要用于航天、军工，民用仍在起步阶段。

材料储氢技术按材料形态包括**固态储氢、有机液体储氢、液氨储氢**等。**固态储氢**通过化学反应或物理吸附将氢气储存于固态材料中，其核心是固态储氢材料，包括金属合金、碳质材料、硼氮基材料、金属有机框架等。有机液体储氢、液氨储氢、甲醇储氢等技术原理上是通过化学反应将氢转化为另一种容易存储的物质，需要用氢时再通过化学反应将氢释放。**液氨储氢**技术是将氢气与氮气化合生成氨，以液氨作为氢能的载体进行储运或利用。在终端可以直接用氨的场景下，使用液氨储氢技术进行储运具有一定价值，若终端需要使用高纯度氢气，则储运系统的整体效率只有 50%～55%，且运行费用较高。

3.1.3　氢发电技术

氢发电领域主要包括氢燃料电池和氢燃气轮机两种技术路线。

氢燃料电池是电解水制氢的逆反应，通过氢气氧化还原反应释放化学能，其基本工作原理为氢气（H_2）在电池的负极发生氧化反应，生成氢离子（H^+）和电子（e^-），这一过程中，电子通过外电路形成回路产生电流。目前，氢燃料电池中质子交换膜燃料电池理论效率极限可达 80%～85%，高温固体氧化物电池理论效率极限为 50%～65%，但受制于技术水平，理论效率极限很难达到，实际效率通常为 40%～60%。氢燃料电池在电力系统中应用一般要求具有兆瓦级发电能力，而氢燃料电池单电池理论电压为 1.23 伏特，实际输出电压往往只有 0.6～1.0 伏特，需要通过模块化串并联组成电堆，才能实现较高电压和大功率的电能输出。目前，电力系统应用燃料电池发电的实际工程较少，主要用于热电联产或重要设施的备用电源。但考虑氢燃料电池具备设备体积小、功率密度高、配置灵活、场景适应性强等优点，更加适合作为分布式电源。

氢燃气轮机是使用氢气作为燃料的燃气轮机，具有单机容量大、可提供转动惯量等优势，适于作支撑电源和调峰电源，技术路线主要分为掺氢燃气轮机和纯氢燃气轮机。**掺氢燃气轮机发电**是将氢能按照一定比例跟天然气混合作为发电燃料，提升发电燃料燃烧值并且降低碳排放。目前，掺氢燃气轮机发电是氢能发电应用的重要方式，国内掺烧比例已实现 30%，国际先进水平掺烧比例可超过 50%，如韩国韩华公司制造的 8 万千瓦燃气轮机机组，掺氢比例达到 59.5%。**纯氢燃气轮机发电**技术不再使用天然气作为燃料，能够实现温室气体零排放，但氢气物理性能、燃烧特性与天然气差异较大，传统燃气轮机需要改造回火，解决火焰振荡问题，在高温高压、富氢或纯氢情况下的自动点火燃烧系统需要适应氢气替代天然气的燃料特性变化，减少 NO_x 排放。目前尚无纯氢燃机量产投入使用。

3.1.4 电制氢灵活性及其负荷特性

1. 电制氢技术的灵活性

碱性电解槽由于技术成熟、建设成本低，是目前新能源基地大规模制氢技术的首选，但其灵活调节存在两大挑战。一是碱性电解槽功率负荷调节范围相对较窄。由于电解槽阴阳两极之间存在串气，当电解槽工作在较低工况时，阳极的氧气产量下降、氢气浓度升高，存在爆炸风险，需要停机保障安全，因此碱性电解槽存在最小负荷限制，大部分在运电解槽需要工作在满载负荷的 40%~50% 及以上。二是动态响应速度慢，难以快速启停，耐波动和耐冲击性能不足。由于碱性电解液响应存在滞后性，碱性电解槽只能实现分钟级响应，更小时间尺度的输入功率变化会引发电解槽功率的剧烈变化，导致电极和隔膜的损坏、电解液析出等问题，加速电解槽性能衰减。

质子交换膜技术和阴离子交换膜技术灵活调节优势明显，更加适应新能源出力波动大的特点，单槽最小负荷可以低至 0~10%，基本具备全负荷调节能力，质子交换膜技术甚至可以通过短时的过负载（最大过负载能力可以达到 60%）提供额外的负荷增量。同时，质子交换膜技术和阴离子交换膜技术具有启动时间短和响应时间快的优势，满载冷启动时间最快可缩短到 5 分钟，响应速度达到秒级。

四种电解水制氢技术负荷特性及调节能力见表 3.2。

表 3.2　　　　　　四种电解水制氢技术负荷特性及调节能力

技术环节/参数	AEC	PEM	AEM	SOEC
响应能力	分钟级	秒级	秒级	分钟级
启动时间	冷启动最快 1 小时	冷启动最快 5 分钟	启停快	启停不便
单槽最小负荷范围	20%~40%	0~10%	0~10%	>30%

当前，新能源基地与绿氢一体化开发已有示范在运项目，参与新能源基地开发的大规模电制氢多采用碱性电解槽技术。未来，电制氢负荷作为灵活调节资源，大规模应用于新能源基地开发时，需要同时兼顾电解槽灵活调节能力和调节成本。一是加快质子交

换膜、阴离子交换膜等新电解技术的推广和研发，降低商业成本，逐步与碱性电解槽技术混合应用于新能源基地开发，同时利用碱性电解槽技术的成本优势以及质子交换膜、阴离子交换膜的灵活调节优势。二是通过技术进步提升碱性电解槽制氢系统自身的灵活性，通过加压电解技术突破传统碱性条件下水裂解反应动力学的固有限制，提升电解效率及对新能源波动快速变化的响应能力；改进电极和隔膜材料、优化槽体的结构设计，进一步实现更高的电流密度、更宽的负载调节范围、更快的冷启动时间。三是利用柔性制氢技术实现电制氢与风光发电匹配，采用全控电力电子器件和脉冲宽度调制技术改造制氢电源部分，通过电－氢协同动态控制算法，改善制氢负荷并网特性。目前，应用柔性制氢技术可以将单槽最小负荷调节范围降低到 20%，满功率运行的冷启动时间缩短到10 分钟。

2. 电制氢负荷特性

从电力系统角度，电制氢的灵活调节作用主要表现在两个方面。

一是电制氢设备作为可调节负荷，通过电－氢协同生产实现制氢负荷与风光波动出力的耦合。结合电制氢技术发展、设备成本情况，短期内参与新能源基地开发的电制氢技术以碱性电解槽为主，调节能力是电解槽设备规模的 50%～80%，可按小时调节。2040年以后，随着质子交换膜技术和阴离子交换膜的技术成熟和成本下降，参与新能源基地开发的电制氢技术多采用碱性电解槽和质子交换膜、阴离子交换膜的混合技术，制氢负荷具有 0～100% 调节能力。

图 3.4 和图 3.5 以北部沙戈荒新能源基地为例，电制氢负荷特性贴近新能源出力特性，呈"荷随源动"的特点，或可作为调节资源参与系统的需求侧响应调节，减少新能源基地开发对储能设备的需求。

二是电制氢配合储氢、氢发电技术作为灵活调节电源，平衡新能源出力的季节性波动，实现富余电量的长周期存储和季节性平移。图 3.6 和图 3.7 以北部沙戈荒新能源基地为例，在优先满足新能源基地电力外送需求的基础上，制氢负荷根据电量富余情况动态调整，制氢用电量与氢发电量间呈现季节性平移特点，3～5 月新能源富余电量用于制氢并存储，8～10 月再利用储氢进行发电，缓解夏末初秋期间新能源发电量降低、供电能力不足的问题。

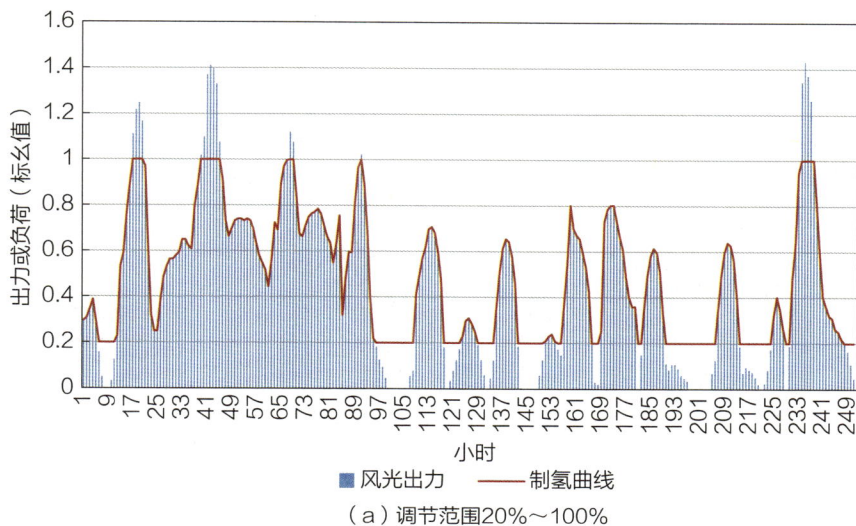

（a）调节范围20%~100%

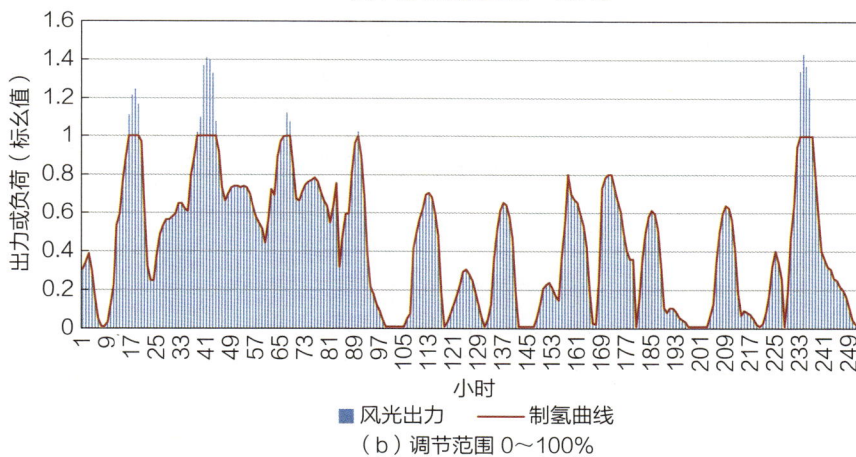

（b）调节范围 0~100%

图 3.4 电制氢负荷特性示意图

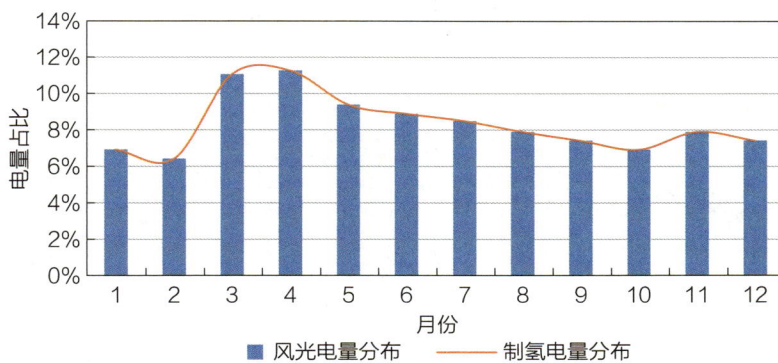

图 3.5 制氢用电量与风光发电量分布示意图

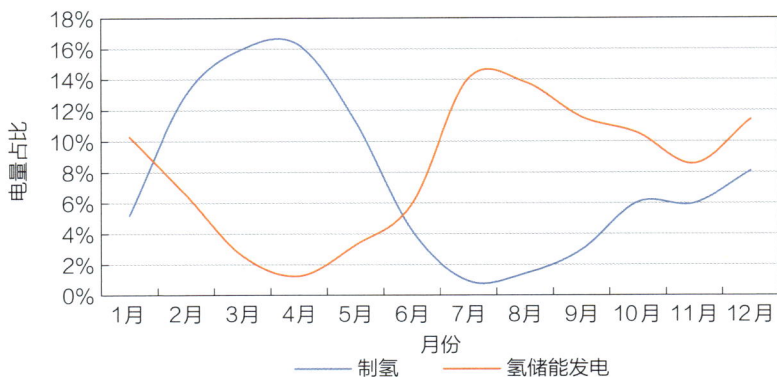

图 3.6　制氢电量、氢发电电量分布示意图

图 3.7　绿氢制取典型日运行示意图

3.2　电　制　氨　技　术

3.2.1　合成氨技术

氨是重要基础化工原料，合成氨工业是基础化学工业重要组成部分。氨主要用于生产化肥，这部分约占氨消费量的 70%，称之为"化肥氨"；同时也用于生产染料、炸药、合成纤维、合成树脂等，这部分约占氨消费量的 30%，称之为"工业氨"。

近年来，随着低碳转型的深入，氢能成为能源领域的发展热点，但储运难题成为氢能大规模推广的障碍，而绿氢衍生的绿氨既可以作为燃料，相比氢又易于储运。因此，"氨能"成为合成氨在未来颇具前景的应用场景。绿氨与绿氢一样，也是一种零碳的能量载体，在能源领域可以直接用作燃料电池、发动机的燃料，以及作为燃气轮机的燃料应用于固定式发电等。2019 年，我国由上海船舶研究设计院发布了 18 万吨氨燃料散货船，并取得船级社的原则性认可（AIP），该船型全程采用氨燃料推进，满足主机零碳排放要求；2021 年，大连船厂从德国船东 ALMH（Asiatic Lloyd）公司采购了 4 艘 7100 箱集装箱氨燃料运输船；制造了约 50%海运船用发动机的德国曼（MAN）能源公司也正在实施将 3000 艘船改为氨燃料发动机的项目；2023 年，日本最大的发电公司捷热能源（JERA）株式会社启动了氨共燃计划，计划在煤电机组掺烧 20%的氨。在传统需求叠加新的能源领域需求背景下，未来氨需求将进一步增加。

氨主要通过哈伯法合成，即氮气和氢气在高温、高压和催化剂作用下直接化合生成氨气，这是一种重要的基本无机化工流程，反应式如下：

$$N_2 + 3H_2 \Longrightarrow 2NH_3$$

合成氨的原料和工艺主要取决于生产氢气的原料和工艺，目前通常采用煤气化和天然气蒸气重整的方法制氢，对应于煤制合成氨（煤头氨）和天然气制合成氨（气头氨）。不同地区天然气和煤炭的价格水平是选择原料和工艺路线的主要决定因素。合成氨是高耗能产业，碳排放量较大，煤制合成氨和天然气制合成氨的吨氨二氧化碳排放分别可达 3.5～4.2 吨和 1.5～1.8 吨。

为降低合成氨过程的碳排放，一般认为有三种可能的技术路线，包括第一代技术（蓝氨）、第二代技术（绿氢+哈伯法制绿氨）和第三代技术（氮气直接电还原制绿氨）❶。

第一代技术（蓝氨）路线采用碳捕集的方法降低或消除现有合成氨工艺的碳排放，更多被视作一种过渡手段。

第二代技术（绿氢+哈伯法制绿氨）路线仍然采用哈伯法合成氨，但氢气使用可再生能源电解水制取的绿氢，此法生产的氨通常也被称作"绿氨"。与第三代技术相比，第二代技术较为成熟，可以在现有合成氨工艺的基础上进行改造，是目前应用最广的技术路线。而电制氢设备与合成氨设备的高效、经济耦合是该技术需解决的关键性问题。

---

❶ Douglas R. MacFarlane, et al., A Roadmap to the Ammonia Economy. Joule, 4, 1186 – 1205.

绿氢+哈伯法制绿氨原理示意见图 3.8。

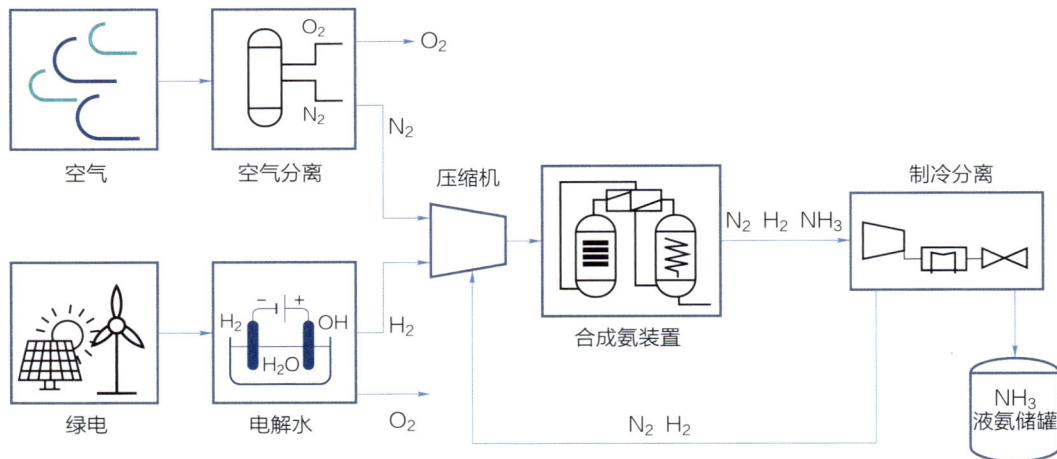

图 3.8   绿氢+哈伯法制绿氨原理示意图

第三代技术（氮气直接电还原制绿氨）不通过哈伯法，采用氮气直接电还原制备绿氨，这条技术路径的主要优势包括反应条件温和、可调节性好、对氮气纯度要求更低、理论能量转化效率高等。但目前还存在反应选择性差、反应速度慢、实际能量转化效率低等缺点，尚处于实验室研究阶段。

除上述技术路线外，制备绿氨的方法还包括光催化氮还原、生物固氮等，但均处于实验室研究阶段。综合考虑技术可行性、经济性等因素，本章主要考虑的制绿氨技术路线为绿氢+哈伯法制绿氨。

电制氨系统工艺流程除电解水制氢外，还包括合成氨、氨冷冻两个部分。

合成氨，传统工艺包括造气、净化（脱碳）和氨的合成三个部分。电制氨的原料气氢气来自于电解水，氧气则来源于空分装置，由于电制氢气的纯度较高，相比传统合成氨工艺，可以节省净化（脱碳）单元。

原料氢气与氮气按照 3:1 的比例混合成为新鲜合成气，经合成气压缩机多级增压后送入合成回路。合成气压缩机选用电机驱动的往复式压缩机。出合成气压缩机循环段的合成气进入热交换器，与出塔气换热，温度升温后进入氨合成塔。氨合成塔为立式，由高压外壳和塔内件两部分构成。塔内件主要包括三层催化剂床层和两个内部换热器。合成气在三个催化剂床层为径向流动，在第一、二床层内设有内部换热器。

　　离开合成塔的高温合成气，先经蒸汽过热器，废热锅炉回收反应热，副产 4.0 兆帕（表压）、400℃的中压过热蒸汽，再经热交换器预热入气塔后，进入水冷器冷却到约 40℃。然后，在冷交换器中合成气与从氨分离器出来的冷循环气换热，在管程，温度被冷却到约 31℃，在此有部分液氨被冷凝下来，可分离出少量的液氨。随后反应气进一步在一级氨冷器、二级氨冷器中冷却至约 −10℃，然后进入氨分离器。氨分离器分离出的气体进入冷交换器的壳程回收冷量，由冷交换器出来的循环气返回合成气压缩机循环段，与新鲜合成气混合并进一步压缩。由氨分离器分离出的高压液氨，经减压阀排放到低压闪蒸罐，压力约 1.6 兆帕（表压），闪蒸气送回合成气压缩机一级入口回收。液氨产品与氨受槽的液氨换热回收冷量后送出界区。氨合成单元设有一台开工电加热炉，用于原始开车或更换催化剂时，氨合成催化剂的升温还原；以及停车后重新开车时，将气体升温至催化剂活性温度。合成氨系统示意见图 3.9。

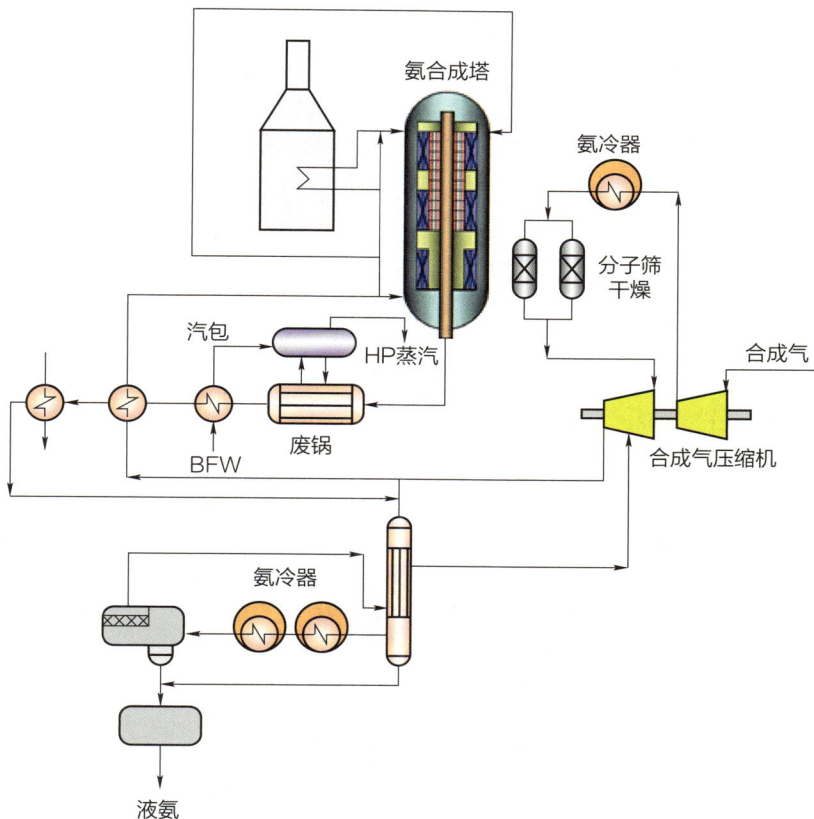

图 3.9　合成氨系统示意图

氨冷冻，由于受到反应平衡的限制，氨合成塔内的合成氨反应仅有部分氢气和氮气合成了氨气。为充分利用混合气中未反应的氢气、氮气，需通过氨冷冻单元将氨从混合气中分离出来。

氨冷冻单元包括氨压缩机、氨受槽、氨冷器、水冷器等。氨压缩机采用电机驱动螺杆式压缩机。来自二级氨冷器的约 −15℃ 的气氨进入第一氨压缩机，来自一级氨冷器温度为 5℃ 的气氨进入第二氨压缩机，经压缩后最终出口压力约为 1.6 兆帕（表压），送入氨压缩机最终水冷器，冷凝的液氨送入氨受槽。来自氨受槽温度约为 40℃ 的热液氨，与来自低压闪蒸罐的液氨产品换热冷却后，送至一级氨冷器作为冷冻剂，由一级氨冷器引出一股液氨送到二级氨冷器作为冷冻剂。

3.2.2 电制氨灵活性及其负荷特性

电制氨从能源生产到形成产品可分为三个环节，即新能源发电、电解水制氢和哈伯法合成氨，见图 3.10。由于新能源发电具有随机性和波动性，而合成氨采用的哈伯法工艺传统上是连续稳定的生产过程，故实现新能源发电、制氢环节与哈伯法合成氨环节的有效配合是绿氨工艺的关键难点。

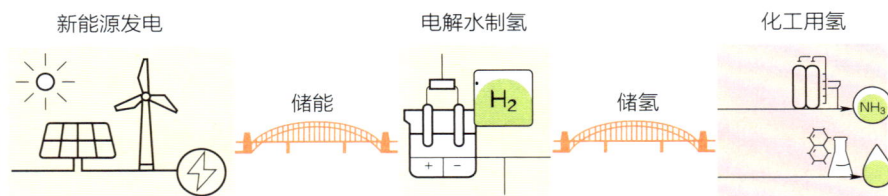

图 3.10 电制氨的三个环节示意图

为解决这一难题，可以采用储能、储氢和对化工生产进行柔性改造三个手段。储能可平抑新能源发电的波动，在新能源发电和后续生产环节之间构建缓冲，但电化学储能等技术手段不适合作为长周期储能，且价格昂贵。储氢则在波动制氢和化工用氢之间构建了缓冲，但大规模储氢也将显著推高生产成本，且由于安全生产等方面的考虑，目前对化工项目的储氢规模也有严格限制。因此，实现传统化工生产过程的柔性改造是绿氨等绿色化工工艺经济可行的关键。

1. 柔性合成氨原理

目前，实现合成氨的柔性改造主要有两条途径，即装置小型化策略和柔性工艺策略。

（1）装置小型化。

在单个合成氨装置无法实现负荷调节的情况下，可以通过装置的小型化，"化整为零"设置多套合成氨装置轮替运行，尽可能配合新能源的波动。小型化策略将一个大型的绿氨生产系统拆分为多套电解水制氢装置和合成氨装置，配合少量的储氢设备，根据风电、光伏出力的变化情况，调整生产计划，使总体生产负荷贴合风电、光伏出力曲线。

这一策略目前尚未投入实际应用，主要原因是存在调节能力不足、经济性差等缺陷。哈伯法合成氨装置开车较慢，需 3 ~ 7 天，只能以周、月级别的时间尺度进行调节，即使设置了多套装置，当风、光波动较大时仍难满足调节需求。通过采用低压合成氨技术，将合成氨的压力从 12 兆帕降低至 7 兆帕，可以降低合成氨能耗并提升调节能力、加快开车和停车速度，更好地满足调节需求。但这一技术目前尚不成熟，且需采用贵金属催化剂，可能推高生产成本。

此外，装置小型化后的建设成本也将显著提高。一般而言，化工生产装置存在明显的规模效应，尽管具体成本受多方面因素的影响，但大规模生产装置的单位产能成本多低于小规模生产装置，如 50 万吨/年合成氨装置的单位产能建设成本可能仅为 5 万吨/年合成氨装置的 50% ~ 65%。根据初步测算，为适应北部地区风光新能源发电特性，需将单个大型绿氨生产系统拆分为 25 套合成氨装置和 40 套电解水装置，总投资将达单个大型生产系统的 2 倍以上，经济性较差。

装置小型化策略示意见图 3.11。

（2）柔性工艺。

柔性工艺是对哈伯法合成氨系统本身进行柔性改造，开发适应柔性生产模式的合成氨工艺优化和调控技术，使合成氨工艺适应一定程度的负荷波动。制约传统的哈伯法合成氨实现柔性的障碍主要有以下几点：一是合成氨是放热反应，在低负荷下整个系统产热减少，将对整个系统的换热体系产生冲击，产生"温度塌方"问题；二是合成氨是体积减小的反应，低负荷下合成回路压力下降，影响反应系统稳定；三是合成氨生产过

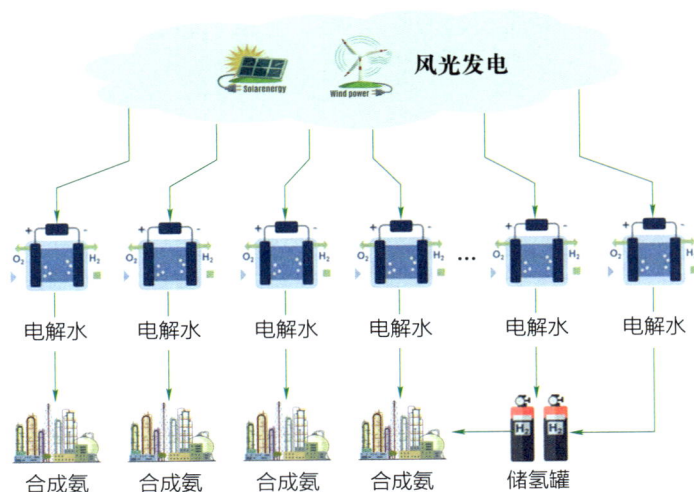

图 3.11   装置小型化策略示意图

程复杂，具有高维非线性、多变量耦合、多参数大时滞、时变性等特点，传统合成氨控制系统延迟性较大，无法满足快速自动控制要求；四是合成氨反应在高温高压环境下进行，波动负荷工况下需要考虑系统安全问题，需加强安全措施。本质上，柔性工艺需要解决绿氢供量波动导致生产负荷不确定条件下的生产稳定性、安全性与经济性多目标优化调控问题。

针对这些难题，国内已有相关研究机构和企业进行了技术攻关。主要解决方案包括：一是重构氨合成回路工艺，研发电氢氨一体化智能负荷调控系统，开发超宽负荷范围、跟随风光出力快速自动调节的合成氨成套技术；二是研究变工况条件下的催化剂宏观性能模型，优化催化剂在多稳态条件下的活性可操作区间；三是考虑氢储供量与催化剂性能，综合合成塔、压缩机、气体分离、换热网络等子系统，优化合成氨模型系统；四是研究充分考虑操作安全性和过程经济性的电解水制氢合成氨工艺中的氨合成塔、压缩机、气体分离系统、换热网络等子系统的适配方案与协同控制技术，解决氢储供量和合成氨多稳态柔性可操作区间耦合下的工艺拓扑结构优化问题；五是开发基于精确反应动力学的动态流程模拟模型，结合大数据 AI 模拟实时测算反馈催化剂动力学等参数，运用先进控制（APC）技术，开发智能控制系统，最终实现合成氨自动化、快速负荷调节。柔性合成氨工艺相较传统工艺增加了较多的控制设备，装置建设成本相较传统工艺将增加 20%~40%。目前，柔性合成氨已完成工艺包的开发，国内已有在建的工程项目。

综合考虑技术成熟度、经济性等，本章所考虑的柔性合成氨技术采用柔性工艺技术路线。

2. 合成氨负荷特性

传统的合成氨是较为刚性的生产过程，为尽可能减少储能、储氢需求，可使其负荷曲线尽可能地贴合新能源出力曲线。传统合成氨为配合风光的季节性变化调整生产计划，可在新能源大发季节（3~6月）满负荷生产，小风弱光季节（1~2月和7~12月）采用安排设备检修等方式，以总负荷的 70%生产，开工率约 80%（7000 小时）。传统合成氨负荷特性示意见图 3.12。

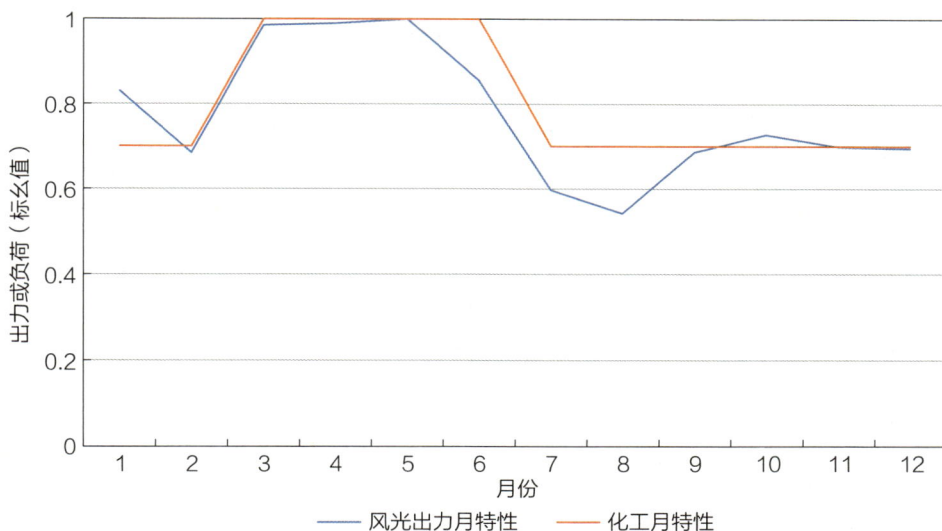

图 3.12 传统合成氨负荷特性示意图

柔性合成氨技术可以做到根据风光出力按日调节，目前调节范围在 30%~100%。预计到 2030 年，灵活制氢、柔性合成氨技术逐步成熟，制氢负荷可与可再生能源发电较好匹配，柔性合成氨可实现规模化应用；到 2050 年，柔性合成氨技术进一步取得突破，有望实现 10%~100%范围内的灵活调节。柔性合成氨日负荷曲线设置尽可能贴合风光日出力曲线，以减少系统对储能、储氢的需求，调节范围 30%～100% 时，开工率约 51.0%（4466 小时）；调节范围 10%～100% 时，开工率约 50.6%（4429 小时）。柔性合成氨负荷特性示意见图 3.13。

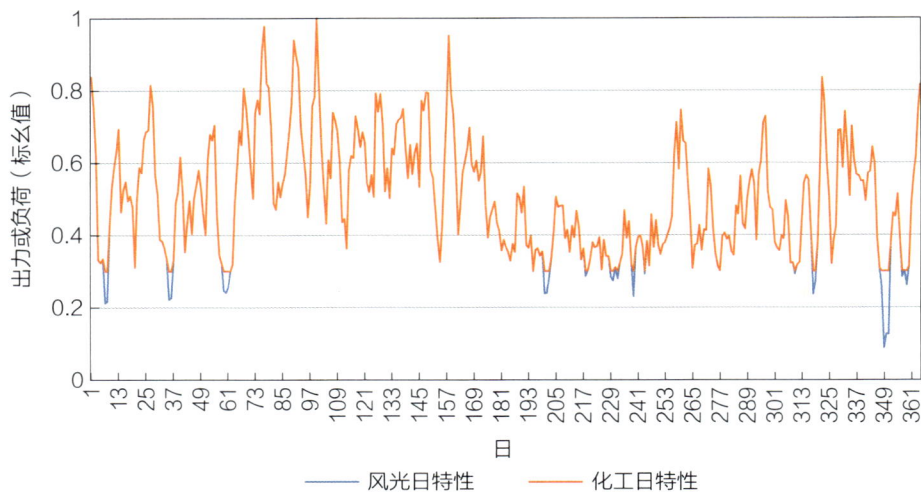

（a）调节范围 30%～100%

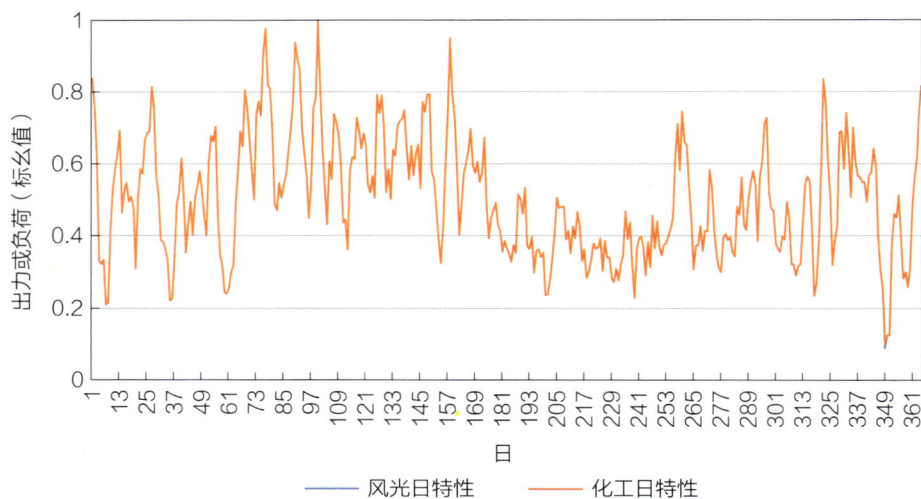

（b）调节范围 10%～100%

图 3.13　柔性合成氨负荷特性示意图

3.3　电制甲醇技术

3.3.1　合成甲醇技术

甲醇是一种重要的基础化工原料，是现代化工由无机走向有机的关键桥梁，广泛应用于有机合成、染料、农药、医药、涂料等行业，可用于生产甲醛、甲基叔丁基醚（MTBE）、醋酸以及烯烃等。甲醇也是一种优质的液体燃料，可用于锅炉及内燃机。

甲醇制取一般通过一氧化碳、二氧化碳加压催化氢化法合成，典型的流程包括原料气制造、原料气净化、甲醇合成、粗甲醇精馏等工序。天然气、石脑油、重油、煤及其加工产品（焦炭、焦炉煤气）等均可作为生产甲醇合成气的原料。国外甲醇生产原料主要是天然气，占比超 90%，由于我国具有富煤贫油少气的资源特点，81% 的甲醇来源于煤炭。合成甲醇是高碳排放行业，煤制甲醇的吨甲醇二氧化碳排放可达 2 吨左右。

绿氢制甲醇是用电解水生成的绿氢还原二氧化碳生成甲醇，是制取甲醇的新途径，不仅本身生产过程清洁零碳，还可以实现将其他途径排放的二氧化碳固化利用。如通过捕集火电排放的二氧化碳生产甲醇，可以有效解决火电的碳排放问题。目前，欧洲和中国已建成多个绿色甲醇示范工程。2023 年 9 月，10 万吨/年二氧化碳制绿色甲醇装置正式在连云港投产，生产的绿色甲醇将用于制造光伏级乙烯醋酸乙烯共聚树脂（EVA 树脂）；2023 年 11 月，兴安盟金风 200 万千瓦风电制绿氢示范项目（并网型）获批，项目拟年制绿色甲醇 56 万吨，将成为截至目前全球最大的绿色甲醇项目，所产绿色甲醇主要用于海运业的零碳燃料。

氢还原二氧化碳生成甲醇的反应过程需要较高的温度（270℃左右）和压强（8 兆帕），以铜锌基金属氧化物作为催化剂，二氧化碳和氢气反应生成甲醇和水，并放出一定量的热量（87 千焦/摩尔），化学反应方程式如下：

$$CO_2 + 3H_2 \xrightarrow{\text{催化剂}} CH_3OH + H_2O$$

电制甲醇系统工艺流程除电解水制氢外，还包括二氧化碳捕集、甲醇合成、甲醇精馏等环节。

二氧化碳捕集：碳捕集、利用与封存（CCUS）是指将二氧化碳（CO_2）从工业排放源中分离后或直接加以利用或封存，以实现 CO_2 减排的工业过程。CO_2 捕集是 CCUS 的第一步，以采取半贫胺液循环吸收再生工艺捕集电厂烟气中的 CO_2 为例。电厂来烟气（108千帕，49℃）进入吸收塔底部，与上部的贫胺（200 千帕，45℃）液逆流接触，脱 CO_2 后的尾气从吸收塔塔顶流出，经冷却后排入大气，吸收 CO_2 后的富胺液由塔底流出，经富胺液泵增压并与贫胺液换热回收热量后进入再生塔塔顶，与塔底蒸汽逆流接触后，解吸出 CO_2，解吸出的 CO_2 气体由塔顶流出，经冷凝至 40℃后进入下游工段进一步处理。贫胺液由再生塔塔底流出，经与富胺液换热和胺液泵增压后，返回吸收塔塔顶。

为降低能耗，由再生塔中部引出半贫胺液与低温富胺液换热回收热量、增压并冷却至 45℃后进入吸收塔中部，利用半贫胺液进一步吸收烟气中的 CO_2。

二氧化碳捕集工艺流程示意见图 3.14。

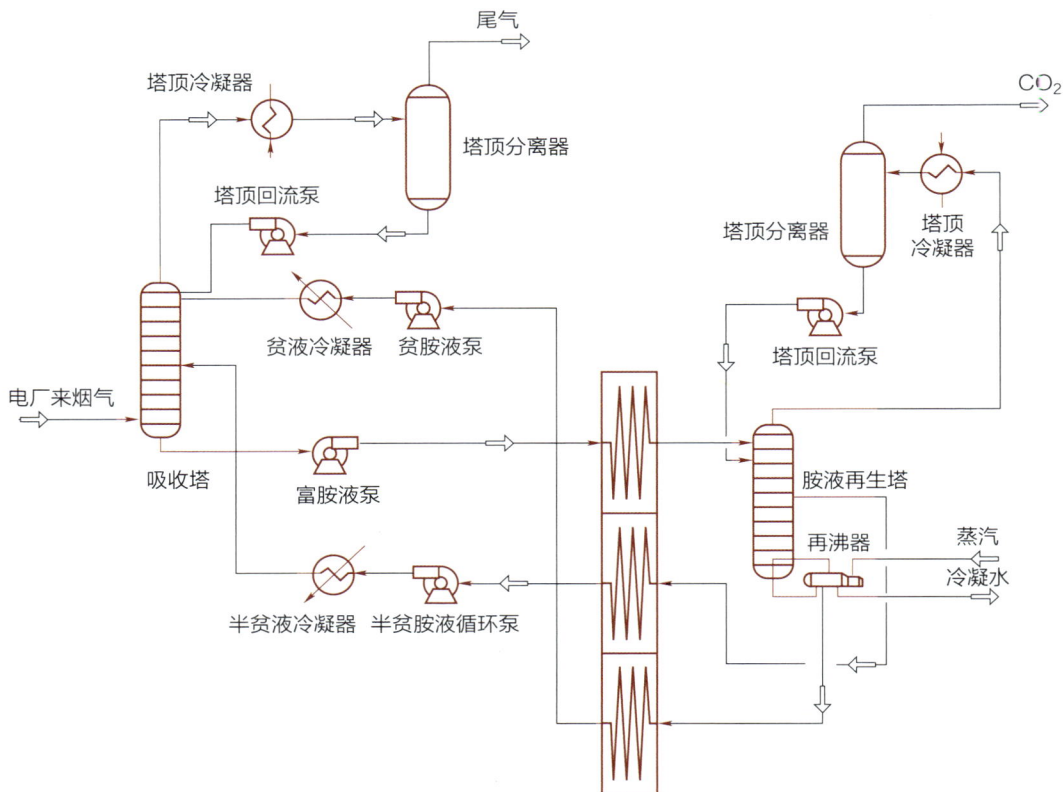

图 3.14　二氧化碳捕集工艺流程示意图

　　甲醇合成：CO_2 经压缩机增压至 3.0 兆帕（表压），与来自界区外 3.0 兆帕（表压）的氢气混合，进入合成气压缩机压缩后，与来自合成回路的循环气混合，在循环气压缩机中压缩到 6.8 兆帕（表压）送入合成回路。

　　压缩后的合成气经合成塔进出口换热器预热后进入甲醇合成塔进行反应。甲醇合成塔是一种列管式反应器，类似于列管式换热器，管内填充催化剂，管外的锅炉给水在壳程和位于合成塔顶部的甲醇合成汽包之间循环。H_2 和 CO_2 的反应发生在装填催化剂的管内，释放出来的反应热通过管外的沸腾水带走。因此，系统保持在近似等温状态，这样能够确保高转化率，同时消除因超温可能导致催化剂失活的风险。

　　除了反应产物甲醇和水蒸气之外，合成塔出口气中还包括没有反应的 H_2、CO_2、少量 CO、惰性气体和少量微量级的反应副产物。合成塔出口气在合成塔进出口换热器中预热合成气入口气后，经回路空冷器、终冷器冷却至 40℃，在甲醇分离器中进行分离。

　　甲醇分离器中冷凝分离下来的粗甲醇中除含甲醇和水之外，还有溶解气及反应产生的部分杂质（反应副产物），送入甲醇精馏工段将精甲醇从水和杂质中精馏出来。为了提高转化率，大部分甲醇分离器出来的气通过循环气压缩机返回合成系统，一小部分作为弛放气送入氢气回收系统，避免惰性气在循环回路累积。

　　甲醇合成工艺流程示意如图 3.15 所示。

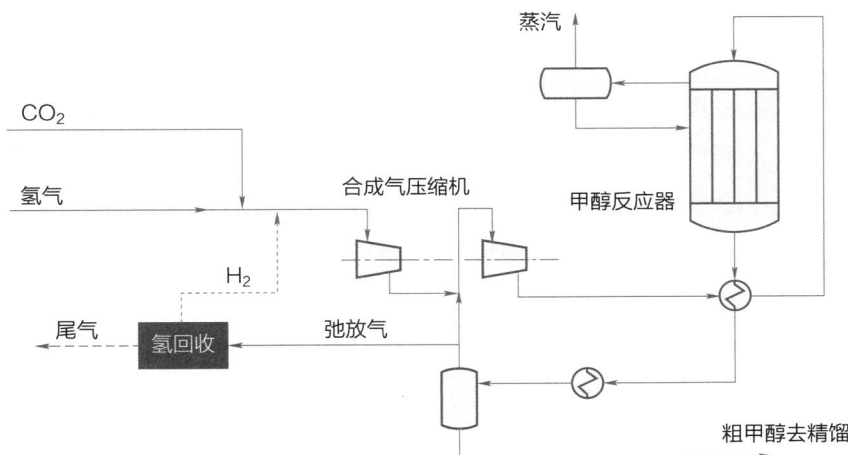

图 3.15　甲醇合成工艺流程示意图

　　甲醇精馏：甲醇合成系统生产的粗甲醇中除了甲醇，还包括水、溶解气和微量级的高沸点和低沸点杂质（与甲醇沸点比）。精馏的目的是在甲醇损失最小的条件下，脱除其中的杂质，以便获得合格的精甲醇。

甲醇精馏采用三塔双效精馏工艺，包括预塔、加压塔、常压塔。加压塔顶部的蒸气作为常压塔再沸器的热源，从而降低加热蒸气消耗。

精馏工艺包含以下步骤：

1. 闪蒸

来自甲醇合成工段的粗甲醇进入闪蒸罐进行闪蒸。闪蒸后的粗甲醇进入甲醇精馏过程，闪蒸气送出界区用作燃料。

2. 脱除低沸物

来自闪蒸罐的粗甲醇进入预塔。残留在甲醇中的溶解气（如 CO_2 等）和低沸点的副产物（主要是二甲醚和甲酸甲酯）同大量的甲醇蒸气一起从塔顶出来，经过预塔冷凝器冷凝，大部分甲醇冷凝后收集到预塔回流罐。冷凝液通过预塔回流泵送回预塔塔顶作为回流液。不凝气通过尾气冷却器进一步冷却，部分甲醇从尾气中分离出来并返回预塔回流罐，低压尾气送出界区作为燃料。

预塔蒸汽再沸器和预塔蒸汽冷凝液再沸器给预塔提供热量。预塔蒸汽再沸器由低压饱和蒸汽加热，预塔蒸汽冷凝液再沸器由来自加压塔再沸器的蒸汽冷凝液加热。脱除了低沸物的甲醇在液位控制下从预塔塔釜经甲醇泵进入加压塔。

3. 脱除高沸物

在加压塔和常压塔中，甲醇中的高沸物（主要是高级醇和水）从甲醇中分离出来。大约50%精甲醇产品通过加压塔精馏产出。加压塔塔顶气在再沸器/冷凝器中冷凝，释放出的热量用作常压塔再沸器热源。

加压塔塔顶甲醇冷凝液收集在加压塔回流罐内。一部分精甲醇通过加压塔回流泵返回塔顶作为回流液，剩余精甲醇在粗甲醇预热器中预热粗甲醇后，经精甲醇过冷器进一步冷却后，送入精甲醇中间罐。加压塔的热量由低压饱和蒸汽通过加压塔蒸汽再沸器提供。

含高沸物的甲醇通过塔釜液位控制排出，作为常压塔的进料。常压塔在常压下操作，功能和加压塔相似。塔顶精甲醇蒸气在常压塔冷凝器冷凝后收集到常压塔回流罐内。甲醇通过常压塔回流泵部分返回塔顶，其余的和加压塔精甲醇一起送入精甲醇中间罐。

为了降低常压塔塔釜出料高沸物的浓度，在常压塔下部设置侧线抽出。侧线抽出物通过杂醇油冷却器冷却后，贮存在杂醇油罐，然后经杂醇油泵出界区。常压塔塔釜物流主要是水，通过工艺水泵经工艺水冷却器冷却后送出界区。

甲醇精馏工艺流程示意见图3.16。

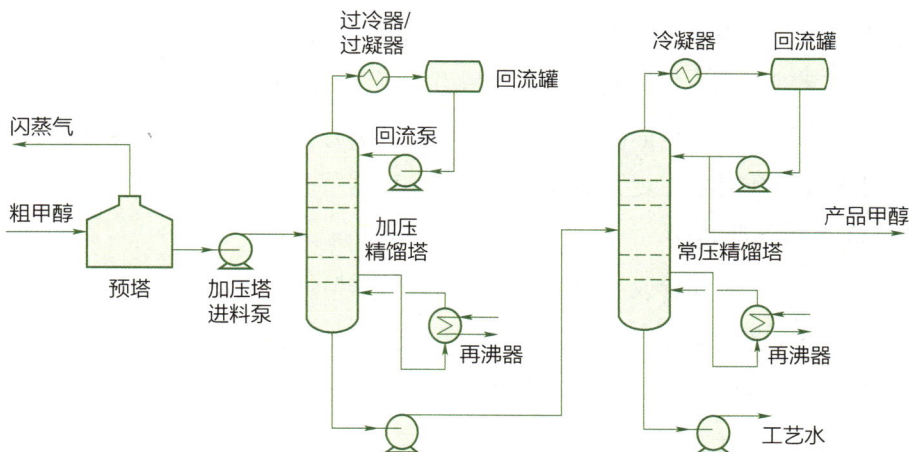

图 3.16　甲醇精馏工艺流程示意图

3.3.2　电制甲醇灵活性及其负荷特性

与电制氨类似，电制甲醇从能源生产到形成产品可分为三个环节，即新能源发电、电解水制氢和合成甲醇。电制氢作为灵活的柔性负荷可与波动性新能源发电较好匹配，但合成甲醇是连续、稳定的化工生产过程，实现波动性新能源与连续稳定的甲醇合成之间的配合是绿色甲醇工艺需要解决的关键难点。由于储能、储氢在经济性、安全性、政策等方面的限制，解决这一问题的关键在于实现甲醇的柔性合成。

1. 柔性合成甲醇原理

与合成氨类似，可以通过装置小型化或研发柔性工艺的手段实现柔性合成甲醇，柔性工艺的可操作性、经济性更优。与合成氨相比，合成甲醇工艺流程更为复杂，实现柔性生产难度更大。

制约柔性合成甲醇的障碍主要有以下几点：一是反应体系的温度问题，与合成氨类似，合成甲醇也是放热反应，负荷的波动将对系统的换热体系产生冲击；二是反应体系的压力问题，合成甲醇同样是体积减小的反应，存在低负荷下合成回路压力下降，影响反应系统稳定的问题；三是与合成氨相比，合成甲醇是一个更为复杂的动态、连续、非线性的工程系统，对快速自动控制的要求更高，现有反应控制系统无法满足要求；四是目前二氧化碳加氢制甲醇所采用的铜－锌－氧化铝、氧化锌－二氧化锆等催化剂无法承受大范围的负荷波动，变工况下易失活。针对这些难题，国内已有相关研究机构和企业进行了技术攻关，但柔性合成甲醇与柔性合成氨相比，技术还尚不成熟，反应体系的控制问题和催化剂难以承受负荷波动的问题是当前所面临的关键难题。据调研，目前的柔性合成甲醇技术能承受的负荷波动范围在60%～100%。随着控制技术、催化剂等方面的进步，柔性合成甲醇有望在更大的范围内实现负荷调节。

2. 合成甲醇负荷特性

与合成氨类似，刚性合成甲醇可为配合风光的季节性变化调整生产计划，分为新能源大发季节和小风弱光季节，新能源大发季节满负荷生产；小风弱光季节采用安排设备检修等方式，以总负荷的70%生产。刚性合成甲醇负荷特性参考刚性合成氨，开工率约80%（7000小时）。

柔性合成甲醇技术可以根据风光出力按日调节，目前调节范围在60%～100%。为进一步扩大调节范围，采用多套设备轮替思路，设置5套合成甲醇装置进行模拟，新能源大发季节全部运行，调节范围60%～100%；小风弱光季节开4套运行，调节范围在48%～80%，总体开工率57%（5017小时）。未来随着柔性合成甲醇技术的进步，将实现更大范围内的负荷调节。预计到2030年，灵活制氢、柔性合成甲醇技术成熟，制氢负荷可与新能源发电较好匹配，柔性合成甲醇初步实现规模化应用；到2050年，柔性合成甲醇技术进一步取得突破，有望实现30%～100%范围内的灵活调节，此时开工率为51%（4466小时）。

柔性合成甲醇负荷特性示意见图3.17。

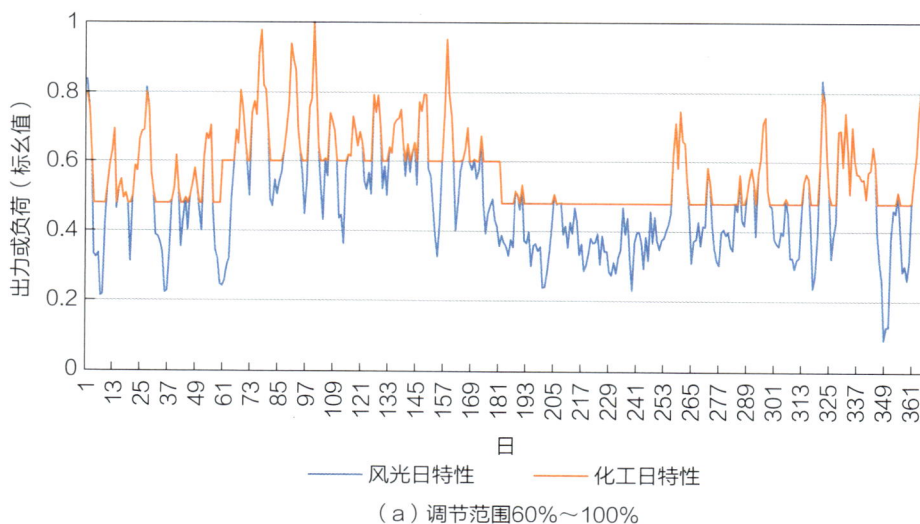

（a）调节范围60%～100%

图3.17　柔性合成甲醇负荷特性示意图（一）

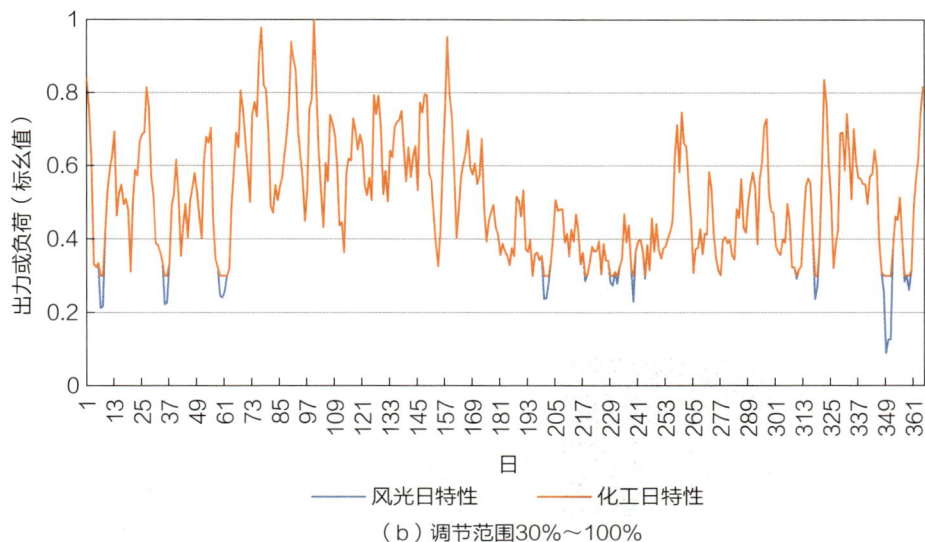

（b）调节范围30%~100%

图 3.17　柔性合成甲醇负荷特性示意图（二）

3.4　富氧燃烧碳捕集技术

3.4.1　技术概述

富氧燃烧最早是由美国的亚伯拉罕（Abraham）于 1982 年提出，目的是生产 CO_2 用于提高石油采收率。近 40 年来，富氧燃烧作为能够大规模减少 CO_2 排放的主流碳捕集技术之一，成为全球关注的研究热点。该技术可以应用于电站锅炉、燃料电池、整体气化联合循环及多联产能源系统等领域。其中，在电站锅炉中的应用，不仅可以新建煤粉富氧燃烧锅炉，也可以对已建电厂进行改造，因此，该技术被认为是最具有潜力的能够有效减 CO_2 排放的新型燃烧技术。

富氧燃烧是指助燃用的氧化剂中，氧浓度高于空气中氧浓度的燃烧技术。它是在现有电站锅炉系统基础上，利用空气分离获得的氧气和一部分锅炉排气构成混合气体，替代空气，做矿物燃料燃烧时的氧化剂。燃烧后产生的烟气中 CO_2 浓度高达 80%以上，经过压缩纯化后可达到 95%以上，方便 CO_2 的回收处理和液化输送。

富氧燃烧 CO_2 捕集技术原理示意见图 3.18。

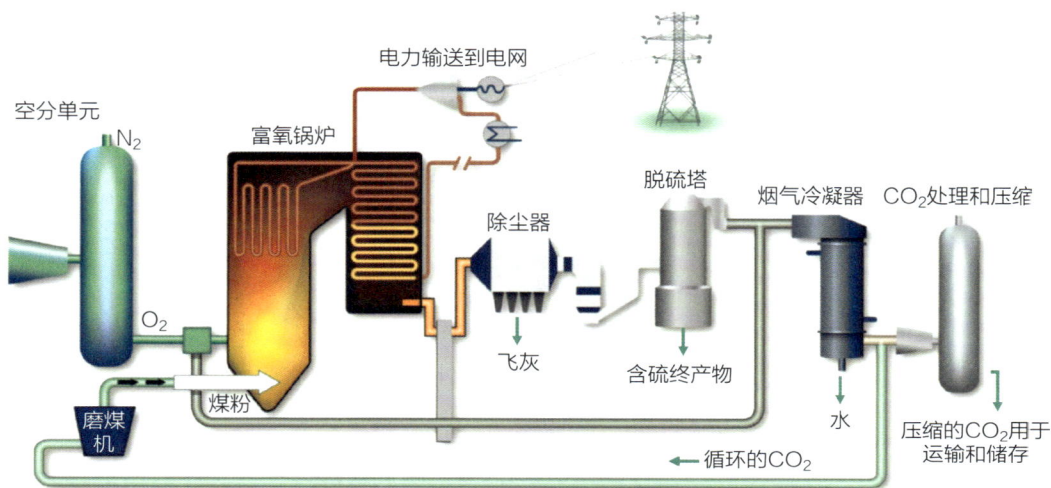

图 3.18　富氧燃烧 CO_2 捕集技术原理示意图

典型富氧燃烧碳捕集工程的装置包括空分系统、锅炉及燃烧系统、烟气净化和烟气循环系统等。工程上采用中温中压、自然循环、单汽包锅炉；炉膛采用单炉膛、微正压运行；尾部采用双烟道，一、二次风分开布置，使用管式空气预热器；锅炉前墙品字形布置有旋流燃烧器；在燃烧器上方设有燃尽风喷口，磨煤机乏气可进入炉膛，实现分级燃烧。烟气净化系统包括三分仓静电除尘器，双碱液脱硫塔和烟气冷凝器等设备。根据富氧燃烧所需氧气压力和纯度较低的特点，可采用低能耗的三塔空分流程。

典型富氧燃烧 CO_2 捕集工程项目系统流程见图 3.19。

富氧燃烧在全生命周期碳减排成本、大型化等方面都具有优越性，与现有主流燃煤发电技术具有良好的承接性，同时也是一种"近零"排放发电技术，容易被电力行业接受。富氧燃烧条件下，烟气富含高浓度的 CO_2，且入炉氧分压通常高于空气燃烧，煤粉在炉内的物理和化学过程有别于空气燃烧。基于技术原理和工艺结构，富氧燃烧技术有明显的优点。一是燃烧产物中 CO_2 浓度高，方便回收和运输；二是氮氧化物 NO_x 生成量减少，减少脱氮设备使用；三是使用含 CO_2 的再循环烟气调节燃烧，在辐射传热、对流传热等方面最大可能地提高热量利用率和燃烧效率。其缺点主要是空分制氧设备能耗过高，导致电厂自用电比重过大，且高浓度 CO_2 气氛下锅炉结渣、设备腐蚀以及空气漏风等问题仍有待解决。

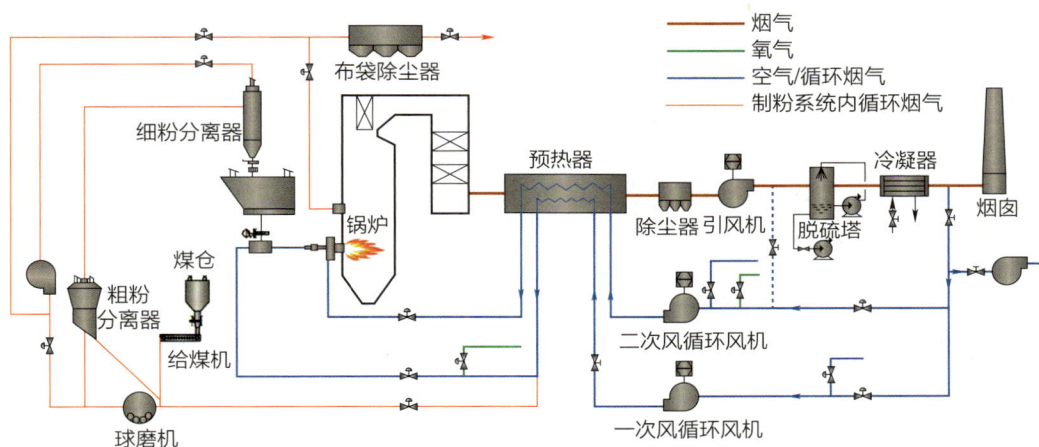

图 3.19　典型富氧燃烧 CO_2 捕集工程项目系统流程图

3.4.2　发展现状

自富氧燃烧概念提出以来，全球范围内对富氧燃烧的着火、燃烧、传热和污染物排放等已开展了大量且深入的研究，煤粉富氧燃烧的基本特性已经得到了很好的认识。目前，富氧燃烧技术已在多个国家完成了工业示范，验证了其技术可行性，并进行了多项富氧燃烧大型示范的可行性研究。

在国际上，德国瀑布电力公司黑泵（Schwarze Pumpe）电厂 3 万千瓦富氧燃烧示范系统于 2008 年建成，到 2014 年项目终止为止，运行时间约 18000 小时，其中在富氧燃烧下运行超过 13000 小时。由阿尔斯通（Alstom）和液空（Air liquid）公司合作建成的法国道达尔拉克（Lacq）3 万千瓦改造电厂，于 2009 年建成，2013 年停止运营，运行时间超过 11000 小时，成功封存了约 51000 吨 CO_2。西班牙休顿（CIUDEN）富氧燃烧示范项目于 2012 年建成，可实现 2 万千瓦煤粉锅炉及 3 万千瓦循环流化床锅炉的富氧燃烧运行。澳大利亚卡利德（Callide）富氧燃烧项目于 2012 年建成，到 2015 年项目终止，成功完成了 10200 小时的富氧燃烧运行，同时实现了 5600 小时的 CO_2 捕集。在工业示范的基础上，德国、英国、美国和韩国等已进行了多项富氧燃烧大型示范的可行性研究。

国内从 20 世纪 90 年代开始关注富氧燃烧技术，华中科技大学、东南大学、华北电力大学、清华大学等在富氧燃烧的燃烧特性、污染物生成等基础研究方面开展了诸多研究。应城 3.5 万千瓦富氧燃烧工业示范于 2015 年建成，是目前国内规模最大的富氧燃烧燃煤碳捕集示范系统，完成了富氧燃烧器、富氧锅炉、低纯氧空分等关键装备的研发，实施了"空气燃烧–富氧燃烧"兼容设计方案，并实现了浓度高达 82.7%的烟气 CO_2 捕集。在大型示范方面，神华集团已经牵头完成了 20 万千瓦等级煤粉富氧燃烧项目的可行性研究。山西阳光热电、新疆广汇、黑龙江大庆等也先后与国外制造商合作，进行了 35 万千瓦等级的富氧燃烧大型示范预可行性研究。总体而言，国内煤粉富氧燃烧技术的发展与国际同步。

3.4.3　技术经济性

富氧燃烧电厂较常规空气燃烧电厂增加了空分制氧设备以及 CO_2 压缩纯化装置，降低其投资和能耗是提高富氧燃烧机组经济性的关键。根据富氧燃烧所需氧气压力和纯度较低的特点，空分采用低能耗三塔空分流程，较常规的双塔精馏，能有效降低 11%～15% 的能耗。CO_2 压缩纯化装置可采用酸性气体共压缩工艺，在烟气压缩纯化过程中，同步实现氮、硫氧化物的协同脱除，免去额外的脱硫、脱硝设施，降低富氧燃烧系统的投资成本。当前，富氧燃烧碳捕集技术的成本为 300～480 元/吨 CO_2，其中空分装置及其能耗成本占比约 50%。未来随着技术工艺进步和产业化进程推进，以增压、化学链富氧燃烧为代表的第二代富氧燃烧碳捕集技术趋于成熟，预计 2035 年前后，富氧燃烧碳捕集成本降至 270 元/吨 CO_2。若能通过电氢碳协同发展的技术衔接，利用制氢副产氧气为富氧燃烧提供稳定的高纯氢源，节省常规富氧燃烧所需的部分空分设备，降低空分耗能，富氧燃烧碳捕集成本预计可再下降 30%～50%。

3.5　绿电及绿氢在高载能产业中的应用

3.5.1　绿色化工

1. 绿氢煤化工

当前，煤化工行业生产合成氨、合成甲醇、合成烯烃等产品消耗的氢气基本全部来自灰氢。绿氢不仅可以替代灰氢，为煤化工过程中补充高纯氢气，还可以促进煤化工行业节能减排增效，除前文所述的合成氨、合成甲醇外，合成烯烃过程中利用绿电电解水制取绿氢和绿氧，其中绿氢替代原料煤，补入甲醇合成项目装置，绿氧作为气化用氧替代燃料煤，补充到气化装置中降低空分装置能耗，相比当前纯煤方案，该方案在甲醇转化为烯烃过程中可节约甲醇约 8.5%，同时降低了标准煤消耗及二氧化碳排放量。

目前，国内以氢代煤示范项目在煤化工领域已推广应用。2022 年 11 月，宝丰能源在鄂尔多斯投资建设全球首个规模化用绿氢替代化石能源生产烯烃的项目，项目创新采用绿氢与现代煤化工融合协同生产工艺，烯烃总产能 300 万吨/年，其中 40 万吨通过配套建设风光制氢一体化示范项目替代煤炭进行生产。同年 9 月，准格尔旗纳日松光伏制氢产业示范项目开工，规划建设的光伏电站年发电量 7.4 亿千瓦时，其中 80%电力用于绿氢生产，供应下游煤制烯烃产业。

2. 绿氢炼化

炼油是绿氢主要应用领域之一。 在石油炼化生产过程中，部分工艺环节需要氢作为原料，主要用于去除原油中的杂质（如硫等）并升级改造重油，小部分用于制备油砂和生物燃料。加氢精制和加氢裂化是炼油厂中主要的耗氢过程。据测算，每年中国大约有 6 亿吨的原油加工量，对应的氢气需求量约为 900 万吨，其中 1/3 的炼厂用氢需求来自炼厂其他环节副产氢，另外 2/3 的氢气通过炼厂专用设施生产（绝大部分为场内甲烷蒸气重整制氢）或者外购的灰氢来满足。通过绿氢来替代灰氢，提高炼厂绿氢渗透率，将加快推动炼油产业脱碳。2023 年 9 月，道达尔启动年产 50 万吨绿氢招标，用于其欧洲炼油厂脱碳。同年 6 月，新疆库车绿氢示范项目投入运行，是国内首个利用光伏发电制氢和绿氢炼油的项目，项目将 30 万千瓦光伏发电直接送到制氢厂，电解水制氢能力 2 万吨/年，随后将绿氢输送至中国石化塔河炼化，完全替代现有天然气制氢，每年可以减少天然气使用量 2.4 万吨，减少二氧化碳排放 48.5 万吨。

绿电制热应用于炼化过程。石油化工过程中附带生产的乙烯、丙烯、丁烯是生产高附加值、高分子材料的基本有机化工原料，这个过程需要消耗大量的化石燃料，如每生产 1 吨乙烯，需要消耗 500～600 千克燃料油，产生大量碳排放。可以利用绿电加热的方式，替代传统燃烧生产烯烃，可极大降低生产过程碳排放。目前，国内团队已在探索利用 380 伏电网直接制热替代传统加热炉烧燃料或者烧燃料供蒸汽的加热方式生产丙烯。

3. 电制甲烷

电制甲烷工艺通过电解水制氢、氢还原二氧化碳制取甲烷，目前主要有化学法甲烷化和生物法甲烷化两种技术路线。**化学法**甲烷化需要催化剂，常在 200～550℃、0.1～10 兆帕条件下操作，以镍、钌等金属作为催化剂，二氧化碳和氢气反应生成甲烷和水，反应器主要有等温固定床、流化床、浆态床反应器和微通道反应器等类型。**生物甲烷化**是在厌氧环境下通过食氢产甲烷菌的代谢，将氢气和二氧化碳转化成为生物甲烷的过程，反应通常在 20～70℃下进行，反应器主要包括连续搅拌反应器（CSTR）、滴流床反应器、膜反应器和鼓泡塔反应器等类型。

当前，电制甲烷尚未实现大规模商业化应用，德国、西班牙等欧洲国家已建立的多项示范工程❶中，化学和生物甲烷化两种技术路线应用占比接近，较为成熟的连续搅拌反应器生物法和等温固定床化学法具备万千瓦级（电解水制氢功率）规模化应用条件。

3.5.2 绿色冶金

1. 绿氢炼钢

氢气直接还原铁技术是氢气作为还原剂替代焦炭与铁矿石反应生产铁和水，是一

---

❶ 张巍，王锐，缪平，等. 全球可再生能源电转甲烷的应用. 化工进展，2023，42（3）：1257–1269.

种清洁、无碳的冶炼工艺。由于铁水不与焦炭接触，相对更为纯净，硫、磷等杂质占比均在 0.2%以下，有助于纯净钢、高质量钢材、高附加值钢材的生产构建。该技术与电炉相结合后代替高炉和转炉，可以提高钢铁行业的电气化率，在使用清洁电力的条件下，与传统的高炉－转炉工艺每吨钢二氧化碳排放量 2 吨相比，可实现钢铁生产完全脱碳。

全球氢炼钢技术尚处于研发、试验阶段，受技术、经济性影响，尚不具备商业化运行条件。瑞典、德国、奥地利等国的钢铁企业相继启动了一些氢能炼钢示范项目，其中瑞典钢铁公司突破性氢能炼钢（HYBRIT）项目、德国萨尔茨吉特低碳炼钢（SALCOS）项目、奥钢联公司（voestalpine）参与的欧盟氢能旗舰（H2FUTURE）项目已经进入建设或调试阶段。目前，中国氢能炼钢与发达国家处于同一起跑线。2019 年 1 月，宝武集团与中核集团、清华大学签订《核能－制氢－冶金耦合技术战略合作框架协议》；2019年 3 月，河钢集团与中国工程院战略咨询中心、中国钢研、东北大学联合组建氢能技术与产业创新中心，共同推进氢能技术创新与产业发展。

2. 绿电炼钢

钢铁生产环节中设备众多，尤其是电弧炉、轧钢生产线等生产线负荷，具有较大的调控潜力。

电弧炉。电弧炉负荷占整体负荷比例大约 40%，电弧炉通电后通常以某一恒定挡位功率运行，当电弧炉完成加热任务后，会由操作人员中断送电，这部分的可调负荷间隙、周期性取决于前序工艺的来料速度和后续工艺的生产进度，提供的可中断时间通常最多可持续 30 分钟，可调负荷占比 25%~40%。因此在需求响应期间，可通过调整电弧炉前后生产排序，完成电网指令。除了提供可中断负荷响应外，通过调整电弧炉前置变压器分接头的位置，可快速灵活地改变电弧炉功率，调节范围取决于电弧炉的耗电率和避免钢水冷却的最小功率，在需求响应期间，可减少部分功率，以满足电网的削峰需求。

轧钢生产线。轧钢生产线占总负荷比例大约 15%，其任务是完成钢坯的塑形。轧钢生产线是典型的冲击型负荷，当钢坯进入轧机时，轧机功率会急剧上升，当钢坯离开轧机时，轧机功率急剧下降。在需求响应期间，根据负荷削峰填谷调节的不同需求，利用轧钢负荷的功率波动性，将轧钢生产线的生产/停止时段编排为特定预案，完成电网指令。或根据分时电价或现货价格主动调整轧钢生产计划，帮助电网有效降低负荷高峰、填补负荷低谷，可提供 5% 左右的负荷调节空间。除了生产线负荷，办公照明、分体及中央空调系统和生活用电等非生产性负荷也可提供柔性调节响应，响应时间为 0.5 ~ 2 小时。

发挥钢铁生产灵活调节作用，可促进可再生能源消纳，实现绿电和钢铁生产协同发展。通过对钢铁生产设备的启停或挡位调节，钢铁各生产环节综合可调容量约占总生产负荷的 14% ~ 27%，钢铁产业适应波动可再生能源电力的能力大幅增强，可减少储能等灵活性投资需求。

钢铁生产各环节负荷调控潜力汇总见表 3.3。

表 3.3   钢铁生产各环节负荷调控潜力汇总[1]

主要设备	负荷占比	调控方式	准备时间	响应时长	恢复投运时间	可调负荷占比
电炉	40%	开关	0.5 小时	0.5 小时	0.5 小时	25% ~ 50%
精炼炉	3%	开关	0.5 小时	0.5 小时	0.5 小时	30% ~ 50%
制氧机	2%	开关	10 分钟	0.5 ~ 1 小时	10 分钟	1% ~ 10%
轧钢生产线	15%	开关/档位	每班次	小时级	每班次	5% ~ 10%
棒材生产线	5%	开关/档位	每班次	小时级	每班次	2% ~ 10%
线材生产线	5%	开关/档位	每班次	小时级	每班次	2% ~ 10%

3. 绿电炼铝

电解铝行业灵活性主要来源于铝电解槽。铝电解槽是负荷占比最高的生产设备，其对应负荷占比 80% 以上。铝电解槽通入直流电后进行电化学反应，氧化铝溶解在熔炼罐中，阳极上产生阳极气体（二氧化碳），阴极上析出液态铝。

铝电解槽主要是通过两种方式提供灵活性，一是通过调节电解槽中整流器输出端的电压或输入功率来调整负荷。当电力供应不足时，电解槽中的智能熔炼罐会降低输入电压，减小电力消费；当电力供应过剩时增加输入电压，增加电力消费。该种调节方式可以在数毫秒内完成对负荷功率的精确调节，迅速且灵活，可认为电解槽电流的调节瞬时完成。但出于生产安全性的考虑，该种方式调节范围较小，生产线并没有关闭，只是有小幅度的负荷功率变动。由于铝还原电池热惯性较大，调节持续时间通常能达数十小时。

---

[1] 落基山研究所. 电力需求侧灵活性系列：钢铁行业灵活性潜力概述. 2023.

二是通过对不同电解槽的启停，在短时间内产生较大的负荷变化来提供灵活性。从切断时长来看，一种方法是对电解槽进行短期的中断（通常可持续几分钟到两小时），并在期间通过其自身的热惯性来维持生产设备的运转。如果仍无法满足降低负荷需求，具有多条电解槽线的设施可以在生产线之间轮流中断，以此延长总中断时间。虽然这种方式可以实现较大的响应容量，但是一般规定铝电解槽全停电时间须小于 45 分钟，长时间关停电解槽的潜在危害较大，可行性较差。

专栏 3.1　　　　　　**电解铝虚拟电池技术**

　　电解铝虚拟电池技术是通过电解槽输出端能量流调节，适应宽幅柔性的电力输入，使电解槽摆脱对电力稳定性的高依赖性，从而可使电解铝工厂成为大容量的"虚拟电池"。2017 年，新西兰奥克兰大学轻金属研究中心经历 17 年研究开发的安能加（EnPot）技术在德国卓门特（TRIMET）铝厂 12 台 120 千安工业电解槽上投入运行，可适应在电力供应大范围波动条件下（±30%）电解槽的稳定运行，在电价较高或者电力供应不足时降低电解铝产量，在电价较低或者电力富裕时增加电解铝产量，甚至允许在短时间（1～4 小时）内全线完全停工，成功地将电解铝工业变为"虚拟电池"。

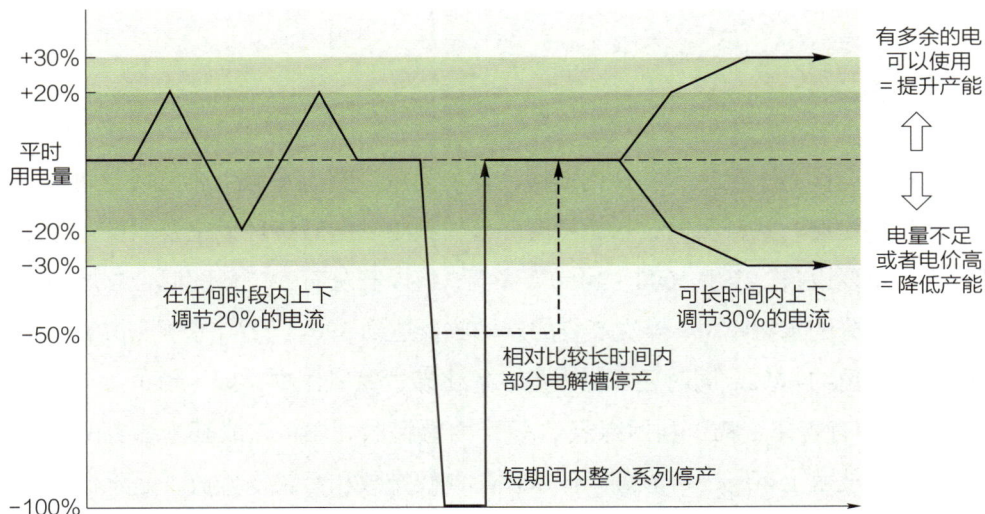

采用 EnPot 技术改造的电解铝厂运行❶

---

❶ https://enpot.cn/assets/pdfs/chinese-version/enpot-e-brochure-chinese.pdf.

电解铝不同响应模式及其持续时间和潜力见表 3.4。

表 3.4　　　　　　　　**电解铝不同响应模式及其持续时间和潜力**

响应模式	调节方法	响应速度	响应持续时长	响应潜力
调整负荷功率/直流侧电压	基于有载调压变压器调节	5～10 秒/档位（平均 7 秒）	取决于降幅和设备参数，通常不超过 2 小时	20%～30%
	基于饱和电抗器调节	秒级		10%（二极管整流）；40%（晶闸管整流）
	通过高压侧母线电压调节	秒级	与调整幅度相关：调节额定容量 10% 以内可持续 2 小时；调节额定容量的 20% 至少可持续 0.5 小时	5% 额定容量

发挥电解铝负荷短时灵活调节作用，提高可再生能源消纳能力，促进绿电产业和电解铝产业协同发展。通过调节饱和电抗器、调节有载主变压器分接头、调节高压侧母线电压等措施，铝电解槽实现短时负荷精确调节，提供的可调容量约占电解槽容量的 15%～23%，适应波动可再生能源电力的能力大幅增强，可减少储能等灵活性投资需求，实现绿电和电解铝生产协同发展。

3.5.3　绿色水泥

绿氢和绿电作为水泥生产的替代燃料，发展前景广阔。水泥生产包括"两磨一烧"环节，即生料粉磨、熟料煅烧、水泥粉磨环节。其中熟料煅烧环节主要以煤炭为燃料，以回转窑为主要设备，产生 1000～1450℃ 高温，将以石灰石为主料的混合物煅烧成以硅酸钙为主要成分的水泥熟料，煤炭燃烧的碳排放量达到 390 千克/吨水泥，占整个生产过程碳排放的比重约 46%，同时还产生大量二氧化硫、氮氧化物、烟（粉）尘、氟化物、汞及其他污染/有害化合物。利用绿氢/绿氨作为熟料煅烧燃料，或基于绿电的电窑炉替代化石窑炉，技术上可行，可显著降低水泥熟料碳排放和污染物排放，是水泥行业低碳转型重要路径。

当前利用绿氢和绿氨生产低碳水泥还处于试验阶段。德国海德尔堡（Heidelberg）公司建立的汉森水泥氢气技术示范项目首次成功将含氢气的 100% 中性混合燃料（38% 氢气、

12%肉骨粉和 49%甘油）用于商业规模的水泥制造。在水泥煅烧窑炉中应用含氢燃料，与使用煤炭等化石燃料相比，该水泥厂每年可减排 18 万吨二氧化碳。东华水泥日产 5000 吨熟料生产线已开始应用绿氨燃料作为水泥生产的替代燃料，该项目实现了 6%的煤炭替代，同时把水泥生产过程中产生的氮氧化物降到了 50 毫克以下，预计实现煤炭替代率将达20%。

随着绿氢、绿电成本快速下降，氢能与电力制水泥竞争力逐步提升，水泥产业与绿氢、绿电产业实现协同发展。当前，利用绿氢或绿电生产低碳水泥经济性较差，比传统水泥熟料路线高 2～4 倍。随着传统水泥窑设备寿命终结、基于氢及电力的新型水泥窑技术进步以及绿氢、绿电的经济性显现，预计 2050 年之后，绿氢与电力制水泥实现商业化发展，可以替代 20%～30%燃烧热需求，有力带动绿氢、绿电消费规模增长，实现水泥产业与绿氢、绿电产业协同发展。

4

电氢碳协同的新能源基地开发模式分析

　　水电资源不足区域，特别是沙戈荒地区的新能源基地远离主网，绿电、绿氢及其他绿色氢基产品一体化开发中，满足产品绿色认证的需求以及提升产品市场竞争力是电氢碳协同的新能源基地开发模式推广应用的关键。本章综合新能源基地开发目的、氢基产品形式和电与氢/氨/甲醇的耦合作用，对电氢碳协同的新能源基地开发模式进行分析，对比各模式在当前、2030 年、2040 年以及 2050 年的生产成本、综合效益，并提出不同时期的新能源基地开发建议。

4.1　电氢碳协同的新能源基地开发模式

根据新能源基地开发目的、产品形式和电与氢/氨/甲醇协同方式的不同，电氢碳协同的新能源基地开发可归纳为三种主要模式，详见表 4.1。考虑大基地远离主网的特点以及对产品送出消纳和绿色低碳等方面的要求，对三种开发模式作了三点基本设定。一是基地整体实现零碳排放或煤电排放的二氧化碳全部捕集并利用。二是基地自身解决灵活调节问题，不考虑大电网提供调节支撑。其中，短期调节需求由配置新型储能和电制氢设备解决；长期调节需求由基地配置储氢和氢发电解决，对于产品含甲醇的情况，可在基地配套煤电解决。三是上下游、产输销协同发展，基地生产的绿色电/氢/氨/甲醇等产品能够全部送出和销售。

表 4.1　　　　　　　　**电氢碳协同的新能源基地开发模式**

模式分类	模式 1	模式 2	模式 3
基地开发目的	外送电力	生产绿色氢基产品	外送电力及生产绿色氢基产品
产品形式	电能	氢/氨/甲醇	电+氢/氨/甲醇
协同设备	电制氢+氢发电+储氢+储能	1. 生产绿氢 电制氢+储能 2. 生产绿氨 电制氢+储能+储氢+合成氨+氢发电 3. 生产绿色甲醇 电制氢+储能+储氢+合成甲醇+火电（提供碳源、利用副产氧）	1. 兼顾电/氢生产 电制氢+储能+储氢+氢发电 2. 兼顾电/氨生产 电制氢+储能+储氢+合成氨+氢发电 3. 兼顾电/甲醇生产 电制氢+储能+储氢+合成甲醇+火电（提供碳源、利用副产氧）
协同作用	调节电源	调节负荷	调节电源+调节负荷

模式 1：新能源基地开发以外送电力为目的，绿电 – 制储氢 – 氢发电协同发挥调节电源作用。新能源基地在满足外送电力的基础上，综合考虑制氢、储氢以及氢发电等环节，作为支撑新能源基地开发外送的调节电源，利用富余电量制氢，并将氢存储用于

氢发电，解决送电需求与新能源发电量日内、季节分布不匹配的问题。电氢碳协同开发模式 1 示意见图 4.1。

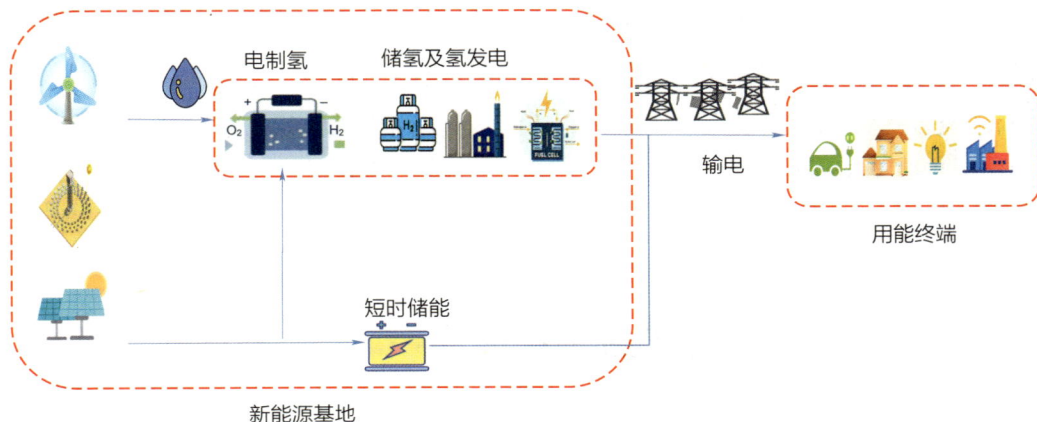

图 4.1 电氢碳协同开发模式 1 示意图

模式 2：新能源基地开发以生产绿色氢基产品为目的，绿电 - 氢/氨/甲醇生产协同，根据风光出力动态调节制氢、制氨、制醇负荷。新能源基地开发以满足生产绿氢、绿氨、绿色甲醇的用电为主，氢/氨/甲醇生产设备作为可调节负荷，荷随源动，负荷特性贴近新能源出力特性，高效消纳新能源发电量，降低新能源基地配置短时储能需求。其中，合成氨/甲醇生产过程中，需要考虑储氢作为新能源发电、电制氢与合成氨/甲醇之间的缓冲；合成甲醇的碳源由火电富氧燃烧碳捕集提供，充分利用电制氢的副产氧，无需空分设备，火电同时发挥调节作用。电氢碳协同开发模式 2 示意见图 4.2。

图 4.2 电氢碳协同开发模式 2 示意图

模式 3：**新能源基地开发兼顾外送电力和生产绿色氢基产品的需求，绿电 – 氢/氨/甲醇生产协同同时体现可调节负荷、调节电源作用。**新能源基地开发兼顾外送电和制取氢/氨/甲醇需求，考虑电制氢以及氨/甲醇柔性化工技术所能提供的灵活性，电制氢/氨/甲醇设备作为可调节负荷，减少新能源基地的短时储能规模，同时搭配储氢以及氢发电、火电和富氧燃烧碳捕集等设备，为新能源基地开发外送提供调节电源，满足季节性调节需求。电氢碳协同开发模式 3 示意见图 4.3。

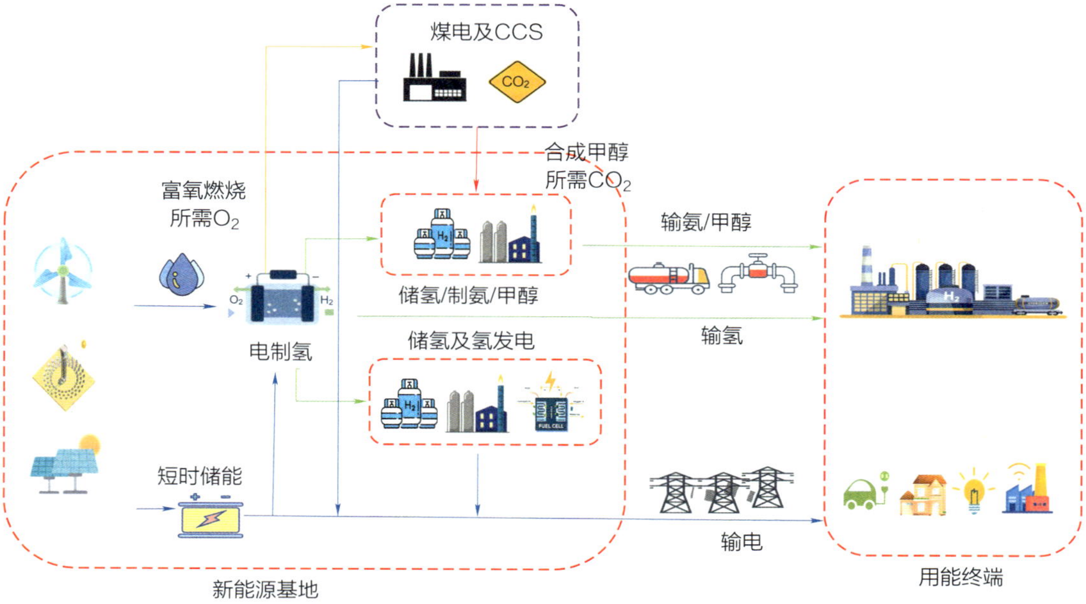

图 4.3　电氢碳协同开发模式 3 示意图

4.2　研究模型与数据基础

当前，新能源与绿色氢/氨/甲醇一体化开发尚处于发展初期，我国已规划在建了一批示范项目，但灵活制氢、柔性化工等技术尚未实现大规模商业应用。为了对电氢碳协同的新能源基地开发经济性及市场竞争力进行研判，本次研究设置了当前、2030 年、2040

年、2050 年四个水平年。

4.2.1　分析模型

新能源基地电氢碳协同开发模型包括多个单元，每个单元包含新能源发电、电制氢、氢发电、储能、储氢、氨/醇合成系统（火电及碳捕集设备在合成甲醇系统中考虑）等各类技术设备，其中绿电、氢/氨/甲醇生产作为系统重要组成部分，根据发电需求、生产工艺和可再生能源资源特点，以全系统经济性最优为目标，开展全年 8760 逐小时运行生产模拟，统筹优化新能源基地各类设备的规模和运行方式，通过分析新能源基地开发规模与氢/氨/甲醇生产的供需平衡、绿电－绿色氢/氨/甲醇协同配置的成本和综合效益，系统解答"绿电－绿色氢/氨/甲醇规模如何匹配""绿电－绿色氢/氨/甲醇协同的经济效益"等问题。

输入参数主要包括新能源基地的风光出力特性、送电曲线形态特征、电制氢设备作为可调节负荷的运行特性、储氢和氢发电设备的运行特性、各类电源及设备的投资成本、外送电力和氢/氨/甲醇生产预期等。主要输出结果包括：系统总体规模数据，包括各类发电设备及氢发电的装机容量、制氢电解槽容量、储能规模、储氢规模、平准化成本、利用小时数等；各类设备的小时级运行数据，包括发电机组功率、制氢/氨/甲醇功率、储能充放电功率、储氢调度等。

4.2.2　算例边界条件

以中国北部沙戈荒区域新能源基地为例。

（1）**出力特性**：可再生能源发电设备主要包括风力发电和光伏发电，两种技术的发电出力均受资源特性的影响，波动性、间歇性明显。根据风光资源分布的实际情况[❶]，当地风电春冬发电量较高，无明显日特性，利用小时数约 2900 小时。光伏春夏发电量高于秋冬，日内最大出力在午间，利用小时数约 1900 小时。新能源利用率按不低于 90% 考虑。新能源基地典型风光年发电量分布见图 4.4，新能源基地风光发电典型

---

❶ 数据来源：全球清洁能源开发评估平台。

日出力特性见图 4.5。

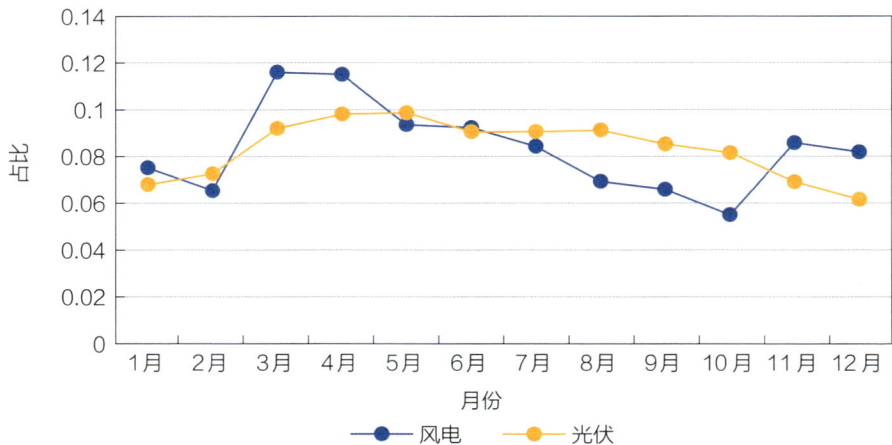

图 4.4　新能源基地典型风光年发电量分布

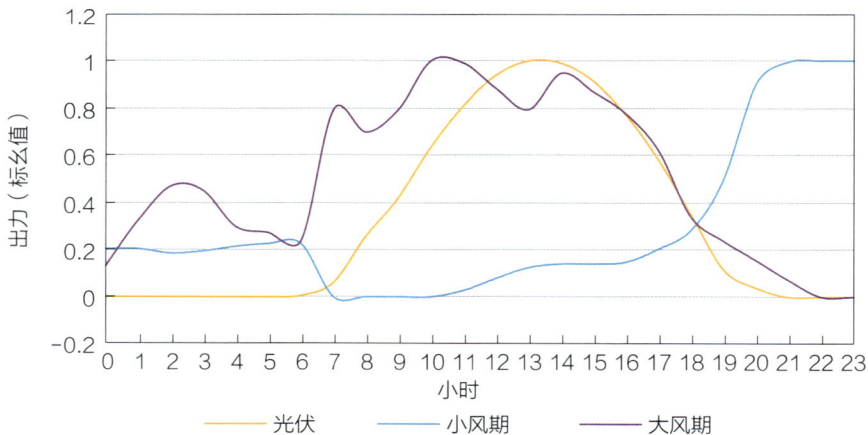

图 4.5　新能源基地风光发电典型日出力特性

（2）**储能等调节资源**：结合沙戈荒区域调节资源禀赋情况，调节资源类型主要考虑新型储能、电制氢以及氢发电。暂不考虑与大电网的交互调节作用。其中新型储能作为短时调节资源，考虑建设成本以电化学储能为主。

（3）**送电特性**：新能源基地送电曲线形态以满足受端负荷需求、不增加主网运行的调节压力为主，具有受端电源 100%替代能力，输电线路利用率按照不低于 5000 小时考虑。

逐月典型日送电曲线见图 4.6，逐月送电量分布见图 4.7。

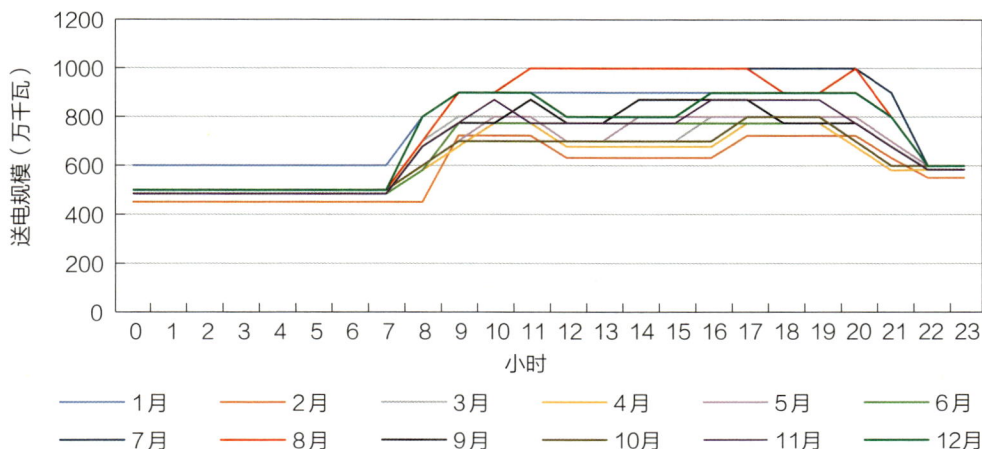

图 4.6 逐月典型日送电曲线

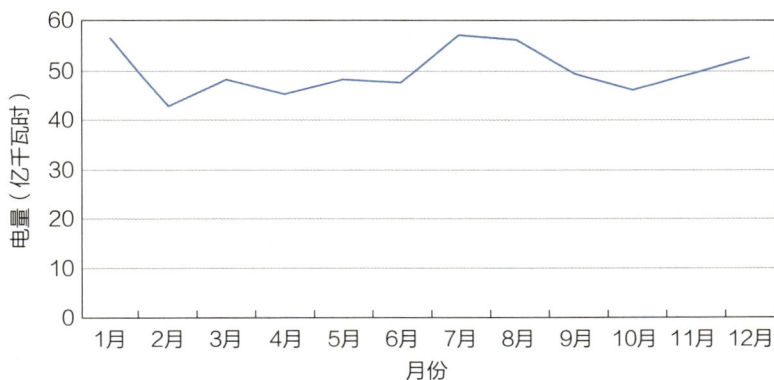

图 4.7 逐月送电量分布

（4）相关技术及成本：本次分析计算涉及的相关技术及成本见表 4.2～表 4.4。

表 4.2　　　　　　　　　　制氢/氨/甲醇的调节能力

项目	当前	2030 年	2040 年	2050 年
制氢调节性	1 小时 20%～100%	1 小时 15%～100%	1 小时 0%～100%	1 小时 0%～100%
制氨调节性	刚性	日调节， 30%～100%	日调节， 30%～100%	日调节， 10%～100%
制甲醇调节性	刚性	日调节， 60%～100%	日调节， 60%～100%	日调节， 30%～100%

表 4.3   相关技术及建设成本

技术		初始投资			
		当前	2030 年	2040 年	2050 年
发电	风电（元/千瓦）	3500	2500	1800	1500
	光伏（元/千瓦）	3000	2200	1400	1000
	火电（元/千瓦）	3000	3000	3000	3000
	氢发电（元/千瓦）	5000	4000	3500	3000
储能及储氢	电化学储能（元/千瓦时）	1200	800	600	500
	储氢设备（元/千克）	2500	2000	1500	1200
电制氢	碱性电解槽（元/千瓦）	1800	1300	1000	900
	质子交换膜电解槽（元/千瓦）	6000	3500	2500	2000
合成氨	刚性合成氨（万元/万吨）	2000	2000	2000	2000
	柔性合成氨（万元/万吨）	2600	2600	2400	2200
合成甲醇	刚性合成甲醇（万元/万吨）	2500	2500	2500	2500
	柔性合成甲醇（万元/万吨）	3250	3250	3000	2750
碳捕集（CCS）	燃烧后捕集（元/吨）	330	—	—	—
	不含空分的富氧燃烧碳捕集（元/吨）	230	185	150	130

表 4.4   能源转换和存储效率

过程	效率（%）		
	当前和 2030 年	2040 年	2050 年
电制氢	70	80	90
合成氨	87	87	87
合成甲醇	74	74	74
氢发电	50	55	60
电化学储能	95	95	95

其中，储能采用以锂离子电池为主的电化学储能，当前建设成本按 1200 元/千瓦时，预计到 2030 年下降至 800 元/千瓦时，到 2050 年进一步下降至 500 元/千瓦时。储氢采用工业常用的固定式低压储氢罐，当前建设成本按 2500 元/千克计，预计到 2030 年下降至 2000 元/千克，到 2050 年进一步下降至 1200 元/千克。

结合技术、经济性现状，电制氢技术路线主要考虑碱性电解槽和质子交换膜电解槽。电制氢以碱性电解槽为主，系统建设成本按 1800 元/千瓦计，质子交换膜电解槽成本较高，系统建设成本按 6000 元/千瓦计。预计到 2030 年，碱性电解槽、质子交换膜电解槽制氢系统建设成本分别下降至 1300、3500 元/千瓦，到 2050 年进一步下降至 900、2000元/千瓦。氢发电主要考虑氢燃料电池和联合循环氢燃气轮机，预计初投资 5000 元/千瓦，到 2030 年下降至 4000 元/千瓦，到 2050 年进一步降至 3000 元/千瓦。

合成氨、合成甲醇项目的投资因具体项目而异，且与规模密切相关。对于本章案例，设定刚性合成氨工程投资为 2000 万元/万吨，当前和 2030 年柔性合成氨工程投资为 2600万元/万吨，至 2040、2050 年柔性合成氨工程投资分别下降至 2400 万元/万吨和 2200 万元/万吨；刚性合成甲醇工程投资为 2500 万元/万吨，当前和 2030 年柔性合成甲醇工程投资为 3250 万元/万吨，至 2040、2050 年柔性合成甲醇工程投资分别下降至 3000 万元/万吨和 2750 万元/万吨。

4.3　外送电力模式

考虑当前技术水平和投资成本，电制氢、储氢及氢发电作为调节电源，其成本远高于以锂离子电池为代表的储能设备，因此新能源基地开发外送的短时调节需求仍主要依靠储能设备解决；在没有其他支撑电源的情况下，电制氢配套储氢及氢发电作为调节电源承担跨季节电量调节作用，氢发电规模由送电曲线和风光出力特性的季节性差异决定。随着设备成本的降低、电－氢－电能源转换效率的提高以及电制氢设备调节能力的提升，电制氢配套储氢、氢发电作为调节电源的发电成本大幅降低，可逐步参与短时调节，新能源基地开发外送的短时储能需求大幅降低。整体来看，**模式 1 下，以电解槽规模为基准规模**，电制氢搭配 1.5 倍基准规模的氢发电装机，可支撑 3 倍基准规模的外送，满足 9~10 倍基准规模的新能源开发需求。

模式 1 典型时段用电情况见图 4.8。

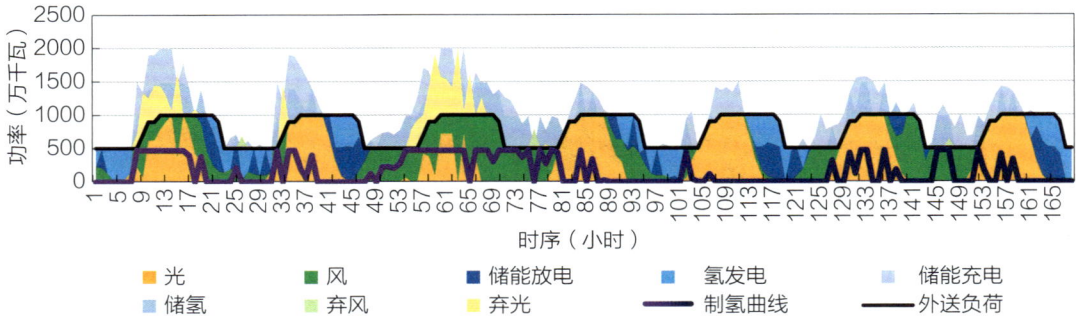

图 4.8　模式 1 典型时段用电情况

市场竞争力：绿电成本包括发电（风电、光伏的建设和运营成本）、制氢（制氢设备成本及运营成本）、储能及氢发电（储能、储氢及氢发电成本）等。当前至 2030 年，新能源基地采用协同模式 1 开发送电，虽未显现明显的价格优势，但其灵活调节作用突出，新能源基地送出电力的品质及可靠性得到大幅提升，受端电网接纳大规模新能源电力后，无需增加额外的调节需求；2030 年以后，随着技术发展，采用协同模式 1 开发的新能源基地，发电成本开始低于各地区标杆电价，逐步具备竞争力，送出电力能够高质量的满足负荷用电需要。

当前新能源基地发电成本（LCOE）为 0.37~0.4 元/千瓦时，基本持平各地 0.3~0.4 元/千瓦时的标杆电价，2030 年为 0.28~0.27 元/千瓦时，略低于标杆电价。模式 1 下开发的新能源基地，送出电力可靠稳定，电能质量得到极大改善，可以较好的满足负荷用电需要，适合将电力送往电力缺额较大且调节电源匮乏的受端地区。

2040 年和 2050 年，考虑各类技术单位成本降低和能源效率提高，采用模式 1 开发的新能源基地发电成本大幅降低，2040 年降至 0.2 元/千瓦时以下，2050 年降至 0.15 元/千瓦时以下，远低于大部分地区的标杆电价，按照新能源发电目标上网均价 0.262 元/千瓦时[1]计算，采用模式 1 开发新能源基地具备较强的竞争力和经济效益。

---

[1] 参考主要送端地区煤电浮动价格下限的平均值作为计算新能源基地送电收益的上网电价。根据《关于进一步深化燃煤发电上网电价市场化改革的通知》（发改价格〔2021〕1439 号），煤电浮动价格下限为燃煤标杆电价下浮 20% 的价格，当前三北地区燃煤标杆平均价为 0.329 元/千瓦时，下浮 20% 后为 0.262 元/千瓦时。

模式 1 设备规模和投资情况见表 4.5。

表 4.5　　　　　　　模式 1 设备规模和投资情况❶

水平年	外送（万千瓦）	规模						采用 AEC		采用 PEM	
		电解槽（万千瓦）	风电（万千瓦）	光伏（万千瓦）	短时储能（万千瓦）	氢发电（万千瓦）	储氢（吨）	LCOE（元/千瓦时）	售电收益（亿元）	LCOE（元/千瓦时）	售电收益（亿元）
当前	1000	333	1300	2440	790	460	800	0.370	—	0.397	—
2030 年	1000	333	1290	2440	711	422	800	0.270	—	0.283	—
2040 年	1000	335	1300	2110	520	485	640	0.188	44	0.197	39
2050 年	1000	339	1280	2040	518	482	570	0.142	72	0.148	68

4.4　生产绿色氢基产品模式

4.4.1　生产绿氢

　　模式 2 中，电制氢设备利用自身负荷可调范围宽、响应速度快的优势，跟随新能源出力进行逐小时调整，额外配置的储能需求随制氢设备调节能力提升大幅降低。近期至 2030 年，电制氢负荷可调范围为 20%～100%、15%～100%，为保持制氢设备 15%～20% 的最低负载率，新能源基地仍需配置一定规模的储能设备。2040 年以后，电制氢负荷可调范围扩大为 0～100%，在弱风无光、风光发电出力为零的特殊情况下，电制氢设备可临时中断生产，新能源基地配置储能设备的需求较低。整体来看，**模式 2 下，以电解槽规模为基准规模，绿电制氢需要 2.5～3 倍基准规模的新能源满足用电需求，电解槽调节能力提升 1%，可降低约 3%储能配置需求。**

---

❶ 售电收益=(上网电价−LCOE)×送电量，上网电价按 0.262 元/千瓦时考虑，下同。

模式 2 绿氢生产典型时段用电情况见图 4.9。

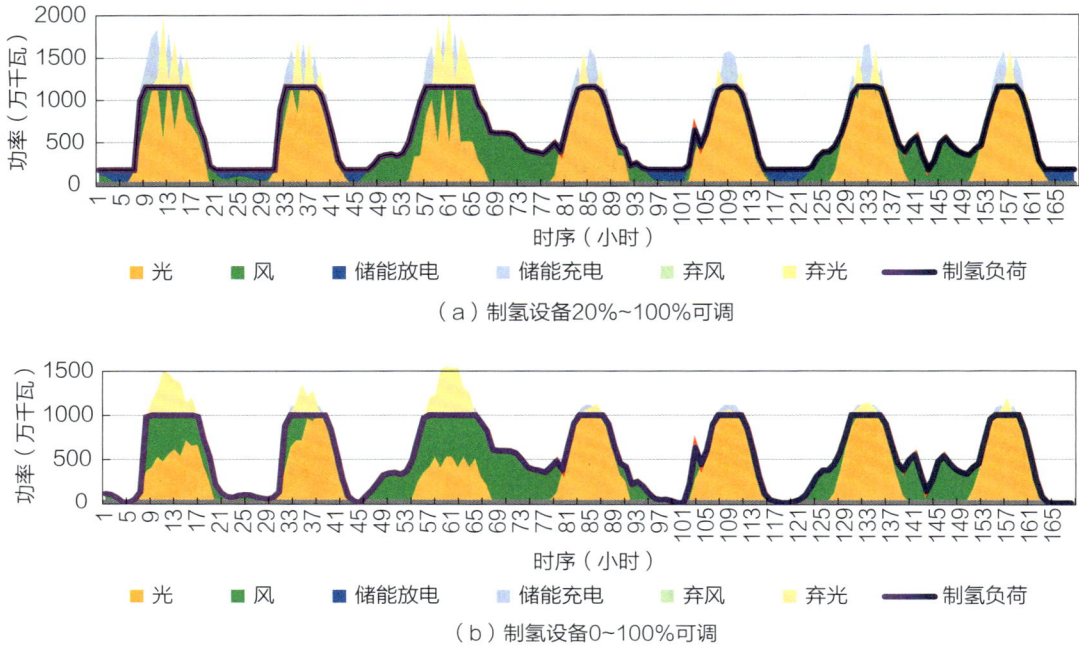

（a）制氢设备20%~100%可调

（b）制氢设备0~100%可调

图 4.9　模式 2 绿氢生产典型时段用电情况

市场竞争力：绿氢产品的成本包括发电（风电、光伏的建设和运营成本）、储能、制氢（制氢设备成本及运营成本）等。2030 年，新能源基地采用协同模式 2 生产的绿氢相对蓝氢更具备市场竞争力，若考虑碳市场政策支持，相对灰氢的价格优势开始显现。2040 年前后绿氢成本低于灰氢成本，具备较强的经济效益。

当前，新能源基地制氢主要考虑采用碱性电解槽技术，制氢成本（LCOH）约 18 元/千克左右，与煤制蓝氢 17～22 元/千克的成本基本持平，但仍高于煤制灰氢 9～15 元/千克的成本。从全国市场来看，国内高纯氢市场均价 30.5 元/千克，采用模式 2 开发新能源基地制氢在东北、西北等纯氢价格较高地区具有一定发展潜力。2023 年中国各区域高纯氢均价见图 4.10。

当前主要制氢技术的经济性对比见表 4.6。模式 2 生产绿氢设备规模和投资情况见表 4.7。

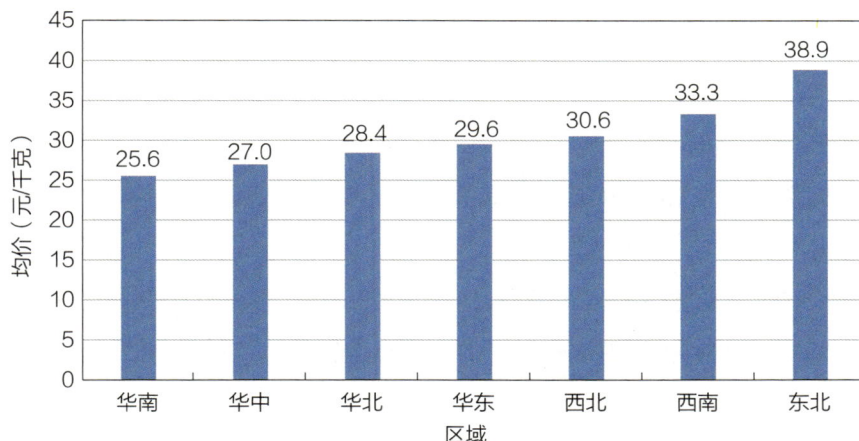

图 4.10　2023 年中国各区域高纯氢均价

表 4.6　　　　　　　当前主要制氢技术的经济性对比❶

方法	工艺	原料价格	碳排放（千克 CO_2/千克 H_2）	成本范围（元/千克）	平均成本（元/千克）	技术阶段
化石能源制氢	天然气制氢	2.5～5 元/立方米	9～11	20～33	26.3	实用阶段
	煤气化（灰氢）	600～1200 元/吨	20～25	9～15	12	实用阶段
	煤制氢+CCUS（蓝氢）		—	17～22	19.4	实用阶段
工业副产氢	氯碱、丙烷脱氢、炼焦	600～1200 元/吨	—	17～29	22.6	实用阶段

表 4.7　　　　　　　模式 2 生产绿氢设备规模和投资情况❷

水平年	制氢量（亿立方米）	调节范围	规模（万千瓦）				采用 AEC		采用 PEM	
			电解槽	风电	光伏	短期调节	LCOH（元/千克）	售氢收益（亿元）	LCOH（元/千克）	售氢收益（亿元）
当前	100	20%～100%	1150	600	2400	760	18	—	25.9	—
2030 年	100	15%～100%	1150	680	2300	640	13.0	108	17.2	70
2040 年	100	0～100%	1050	670	2000	90	6.7	165	9.1	143
2050 年	100	0～100%	950	590	1700	70	4.7	183	6.4	168

注　电解槽设备利用率大于 50%。

❶ 全球能源互联网发展合作组织. 绿氢发展与展望，北京：中国电力出版社，2022.

❷ 售氢收益＝（售氢价－LCOH）×制氢量，售氢价按高纯氢市场现价下限 25 元/千克考虑，下同。

2030 年，采用碱性电解槽技术、质子交换膜技术的制氢成本分别为 13、17.2 元/千克，与蓝氢相比具有一定市场竞争力；接近不含碳价的灰氢价格，如果考虑碳价因素，碳价每提高 100 元/吨，灰氢价格提高约 2.5 元/千克，预计 2030 年中国碳价将达到 150 元/吨，考虑碳价的灰氢价格为 13 ~ 19 元/千克，采用模式 2 的新能源基地制氢成本相对灰氢具有优势。

随着技术进步，能源转换效率提高、设备成本下降，模式 2 的新能源基地制氢成本大幅下降，2040、2050 年制氢成本为 7 ~ 9、5 ~ 6 元/千克，已经低于不含碳价的灰氢价格。预计 2040、2050 年中国碳价将达到 200 元/吨，如果考虑碳价因素，灰氢价格为 14 ~ 20 元/千克，届时采用模式 2 的新能源基地制氢相对灰氢具备较强市场竞争力，经济优势非常明显。

减排效益：采用新能源基地开发协同生产绿氢，不使用化石燃料，与相同规模的天然气制氢相比，生产 1 万吨绿氢可减少碳排放 9 万 ~ 11 万吨，与相同规模的煤制氢相比减少碳排放 20 万 ~ 25 万吨。同时，生产过程中不外排废气，减少 SO_2、NO_x、颗粒物等大气污染物排出，具有较好的环境效益。

4.4.2　生产绿氨

当前，合成氨化工基本为刚性过程，且制氢调节能力有限，需要依赖大量储能提供的短时灵活性和储氢/氢发电提供的长时间尺度灵活性。未来，随着制氢技术的进步，灵活的制氢电解槽发挥更好的短时调节功能，降低储能需求；柔性合成氨工艺成熟应用，通过合理调整制氨负荷，使整个生产过程与风光发电更加匹配，降低作为长期储能的储氢需求。2050 年方案所需的储氢规模不到全年制氢量的 0.1%，远低于当前方案的储氢量。

市场竞争力：绿氨产品的成本包括发电（风电、光伏的建设和运营成本）、制氢（制氢设备成本及运营成本）、制氨（包括制氨设备、运营、其他厂区配套设备等）、储能和氢发电（电化学储能、储氢和氢发电设备成本）。**新能源基地就地生产绿氨的模式下，当前绿氨成本与市场价格相当，有望在 2030 年前全面推广**。当前，新能源基地就地制氨需要依靠电化学储能、储氢和氢发电提供灵活性，储能、储氢投资较大，是推高绿氨成本的主要因素。随着技术进步，电解槽灵活性增强、柔性合成氨技术投入应用，储能、储氢规模需求大幅降低，同时叠加风光发电成本的下降，绿氨产品经济性将大幅提升。

模式 2 生产绿氨设备规模和投资情况见表 4.8。

表 4.8   模式 2 生产绿氨设备规模和投资情况[1]

水平年	氨产量（万吨）	技术工艺	规模						氨成本（元/吨）	售氨收益（亿元）
			电解槽（万千瓦）	风电（万千瓦）	光伏（万千瓦）	短时储能（万千瓦）	氢发电（万千瓦）	储氢（吨）		
当前	560	刚性	1379	2000	1109	770	491	8522	3677	−9.9
2030 年	560	柔性	1305	1700	851	13	29	823	1990	84.6
2040 年	610	柔性	1284	1700	783	30	4	833	1371	129.9
2050 年	690	柔性	1271	1700	738	32	4	851	1022	171

当前，模式 2 的绿氨成本为 3700 元/吨，与目前煤制合成氨的市场价格（3500 元/吨）基本相当。经测算 2030 年，绿氨成本约 2000 元/吨，有望实现规模化应用；2040年，绿氨成本进一步降至 1400 元/吨，绿氨在能源领域的应用将得到进一步开发，氨燃料、氨发电将成为新应用场景；至 2050 年，绿氨成本将低至 1000 元/吨左右，有望成为合成氨的主流生产方式。

减排效益：与生产绿氢类似，采用新能源基地开发协同生产绿氨，不使用化石燃料，可显著降低合成氨行业的碳排放，与相同规模的天然气制合成氨相比，生产 1 万吨绿氨可减少碳排放 1.5 万~1.8 万吨，与相同规模的煤制合成氨相比减少碳排放 3.5 万~4.2 万吨。

模式 2 绿氨产品成本分析见图 4.11，模式 2 绿氨产品各项成本占比见图 4.12，国内市场合成氨价格走势见图 4.13。

---

[1] 售氨收益=(售氨价−氨成本)×制氨量，售氨价按市场现价 3500 元/吨考虑，下同。

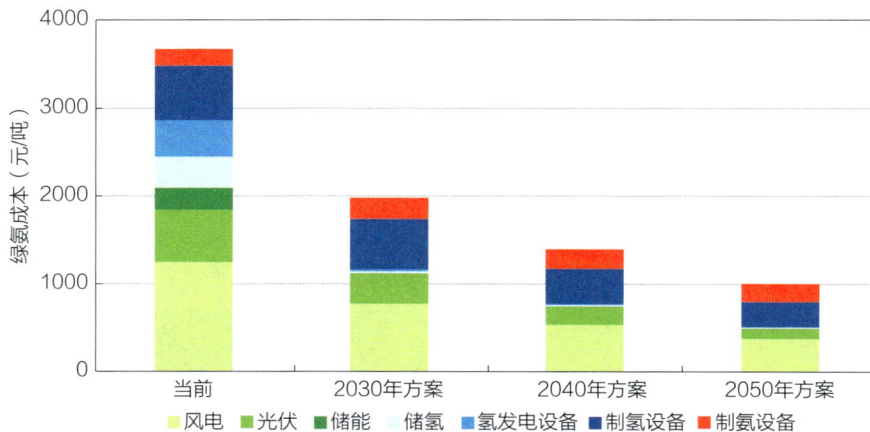

图 4.11   模式 2 绿氨产品成本分析

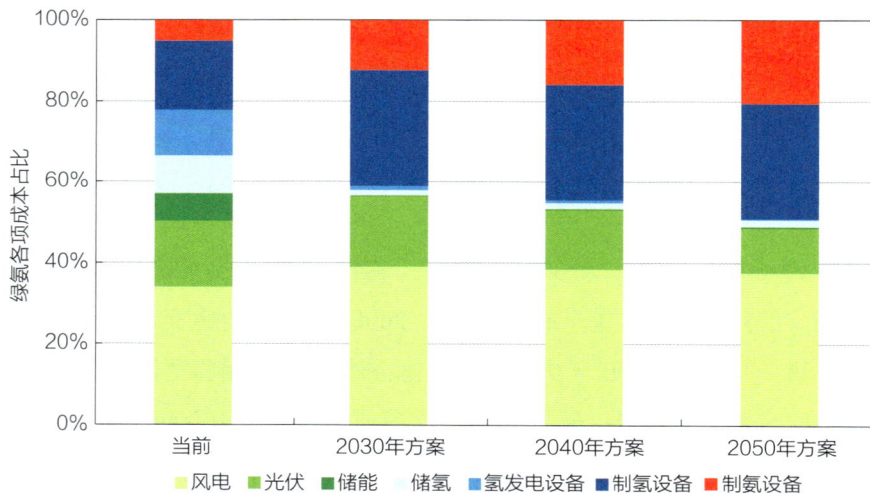

图 4.12   模式 2 绿氨产品各项成本占比

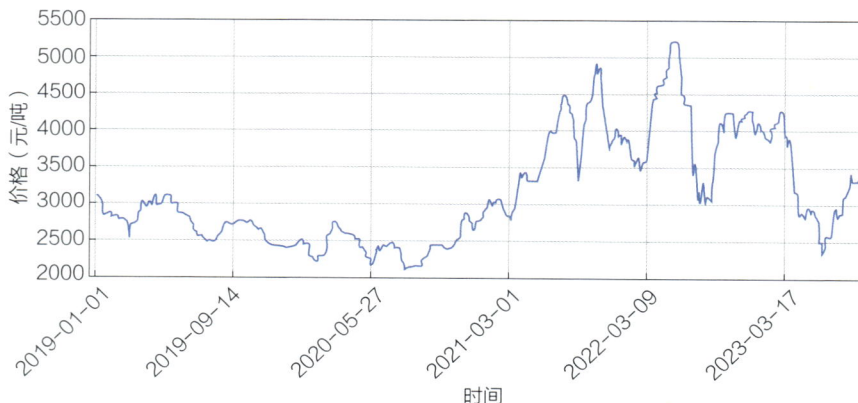

图 4.13   国内市场合成氨价格走势

4.4.3　生产绿色甲醇

与生产绿氨相似，当前合成甲醇仍保持刚性生产，电制氢调节能力有限，需要依赖储能提供短时灵活性；与生产绿氨不同，火电在提供合成甲醇所需碳元素的同时，是长时间尺度灵活性的重要来源，可有效调节风光发电的季节性波动，不再需要依靠电－氢－电的转换提供长时间尺度的灵活性。未来，随着技术的进步，制氢负荷可与新能源发电更好地匹配，所需的储能规模将明显降低；柔性合成甲醇技术成熟并应用，可使整个甲醇生产过程与风光发电更好地匹配，储氢需求也将大大降低。

模式 2 生产绿色甲醇设备规模和投资情况见表 4.9。

表 4.9　　　　　　　模式 2 生产绿色甲醇设备规模和投资情况[1]

| 水平年 | 甲醇产量（万吨） | 技术工艺 | 规模 | | | | | | 利用二氧化碳（万吨） | 甲醇成本（元/吨） | 售甲醇收益（亿元） |
			电解槽（万千瓦）	风电（万千瓦）	光伏（万千瓦）	短时储能（万千瓦）	火电（万千瓦）	储氢（吨）			
当前	460	刚性	818	1600	890	181	322	3038	632.5	3518	−46.8
2030 年	460	柔性	898	1400	680	25	310	520	632.5	2412	4.0
2040 年	510	柔性	870	1400	630	16	310	700	701.3	1763	37.6
2050 年	580	柔性	847	1400	590	11	310	825	797.5	1405	63.5

市场竞争力：绿色甲醇产品的成本包括发电（风电、光伏、火电及 CCS 的建设和运营成本）、储能及储氢、制氢（制氢设备成本及运营成本）和制甲醇（包括制甲醇设备、运营、其他厂区配套设备等）。**新能源基地就地生产绿醇的模式，当前仍需碳价激励，有望在 2030 年左右实现推广。**当前技术条件下，柔性合成甲醇技术尚不成熟，制氢调节能力有限，需要一定的储能、储氢满足用能需求，甲醇产品经济性较差。未来随着柔性合成甲醇技术的进步，储能、储氢的需求将明显下降，叠加风光发电成本快速下降，绿色甲醇产品的经济性将显著提升。

---

[1] 售甲醇收益=(售甲醇价−甲醇成本)×制甲醇量，售甲醇价按市场现价 2500 元/吨考虑，下同。

　　当前，模式 2 的绿色甲醇成本在 3500 元/吨左右，远高于煤制甲醇的市场价格（2500元/吨），当碳价达 500 元/吨以上时，绿色甲醇相比煤制甲醇才能具备竞争力。预计至 2030年，绿色甲醇成本约 2400 元/吨，与煤制甲醇的市场价格相当，有望实现规模化试点并开始推广；至 2040 年，绿色甲醇成本降至 1800 元/吨，初具经济竞争力；至 2050 年，随着新能源发电成本的下降，绿色甲醇成本进一步降至 1400 元/吨，成为最具经济竞争力的合成甲醇方式。

　　目前的风光氢协同开发项目往往忽视了对电制氢副产氧气的应用，本模式 2 充分利用电解水副产的氧气，将其用于火电的富氧燃烧，节省了常规富氧燃烧所需的空分设备和空分耗能，大大降低了碳捕集难度和碳捕集成本。与不利用副产氧的常规燃烧后捕集技术的方式相比，甲醇产品提前 2～3 年具备市场竞争力。

　　模式 2 富氧燃烧技术对合成甲醇成本的影响见图 4.14。

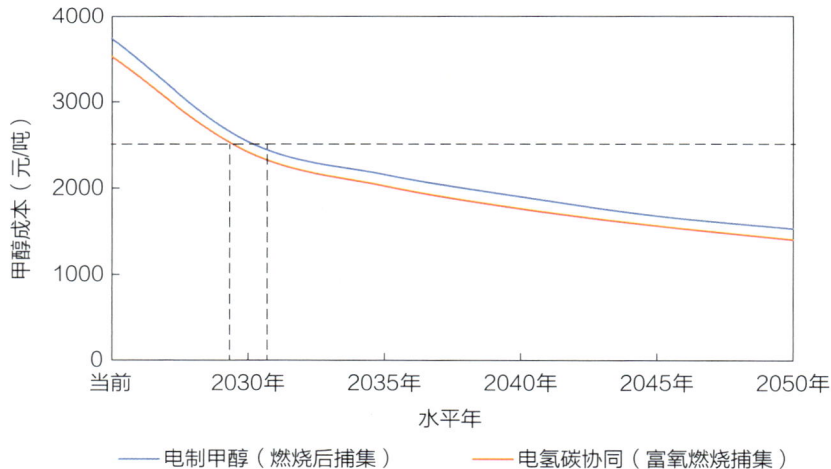

图 4.14　模式 2 富氧燃烧技术对合成甲醇成本的影响

　　环保效益：绿色甲醇生产过程不使用化石燃料，可显著降低合成甲醇行业的碳排放。与相同规模的天然气制甲醇相比，每生产 1 万吨减少碳排放 0.5 万吨左右，与相同规模的煤制甲醇相比减少碳排放 2.5 万～3 万吨，且生产过程中不外排废气，具有较好的环境效益。此外，本模式下的绿色甲醇生产充分利用了火电厂产生的二氧化碳，生产 1 万吨甲醇可利用二氧化碳 1.36 万～1.38 万吨，实现火电碳排放的"变废为宝"。

　　模式 2 甲醇产品成本分析见图 4.15，模式 2 甲醇产品各项成本占比见图 4.16，国内市场甲醇价格走势见图 4.17。

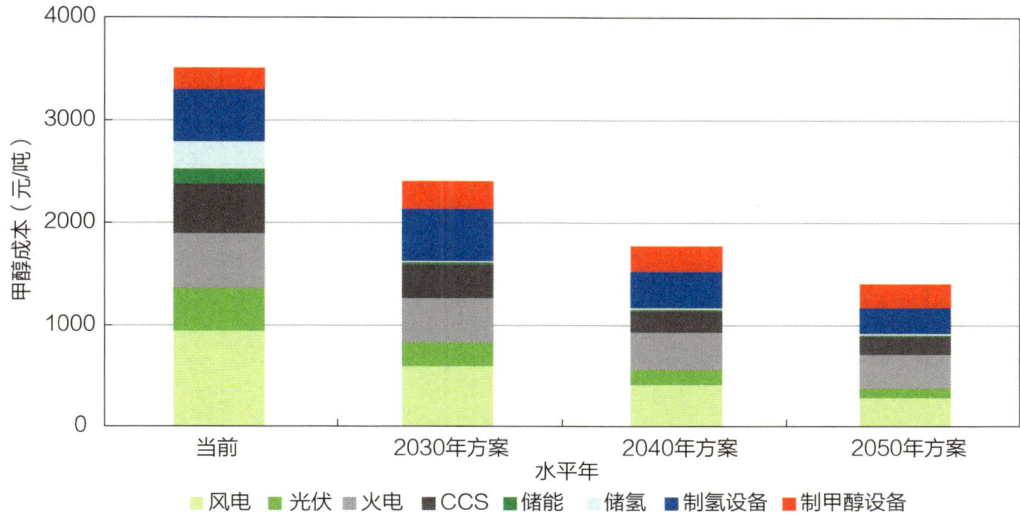

图 4.15　模式 2 甲醇产品成本分析

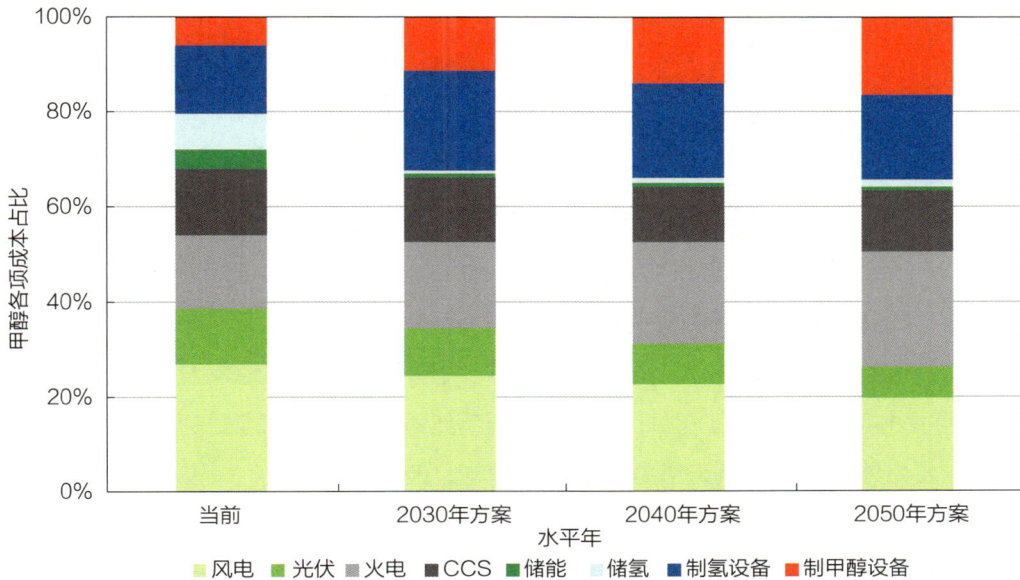

图 4.16　模式 2 甲醇产品各项成本占比

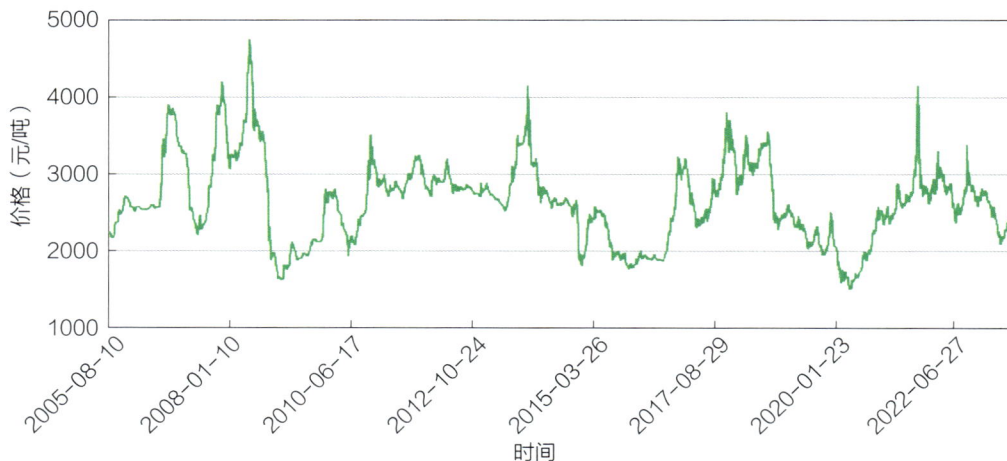

图 4.17   国内市场甲醇价格走势

4.5   外送电力及生产氢基产品并举模式

4.5.1   电/氢生产并举

模式 3 下，新能源基地开发兼顾绿氢生产和电力外送需求。假设新能源基地外送电力 1000 万千瓦，年制氢需求分别考虑 30 亿、50 亿、70 亿、100 亿立方米等四种情况。**整体来看，提高制氢需求及负荷占比，电制氢可发挥的调节作用相应增加，外送电力及制氢的总负荷特性能够更加适应风光出力波动，可降低新能源基地配置储能的比例；**制/储氢与氢发电配合作为调节电源，发挥长期调节作用，氢发电规模受制氢负荷占比影响较小，主要由外送电力和风光出力间的季节性电力电量平衡决定。

模式 3 兼顾电/氢生产典型时段用电情况见图 4.18。

市场竞争力：协同模式 3 的发电成本、制氢成本随制氢负荷占比的提高而降低，2030 年已具备较强经济效益。

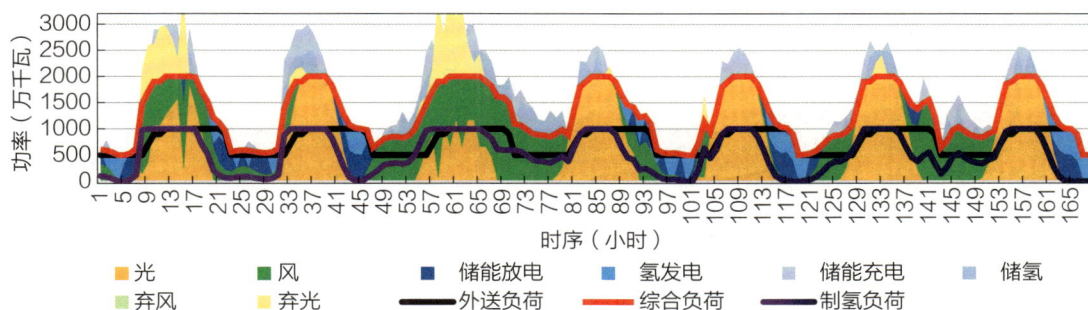

图 4.18   模式 3 兼顾电/氢生产典型时段用电情况
（送电 1000 万千瓦、制氢 100 亿立方米）

　　模式 3 通过调整氢电配置比例，增加电制氢负荷规模，可降低发电成本和制氢成本。相对于模式 2，模式 3 的新能源基地增加了储氢和氢发电设备投资，制氢环节需要调整运行工况，配合储氢和氢发电设备共同发挥长期灵活调节作用，生产相同规模绿氢的制氢成本略有提升，但发电成本相对模式 1 大幅下降，外送电力可提前几年具有较好的经济性。

　　预计，2030 年，新能源基地发电成本、制氢成本分别为 0.21～0.26 元/千瓦时、14～21 元/千克；2040 年，发电成本为 0.14～0.18 元/千瓦时，制氢成本为 8～12 元/千克；2050 年，发电成本低于 0.14 元/千瓦时，制氢成本低于 10 元/千克，均具很强的市场竞争力。

　　2030 年兼顾电/氢生产的新能源基地发电成本、制氢成本见图 4.19 和图 4.20，2050 年兼顾电/氢生产的新能源基地发电成本、制氢成本见图 4.21 和图 4.22。

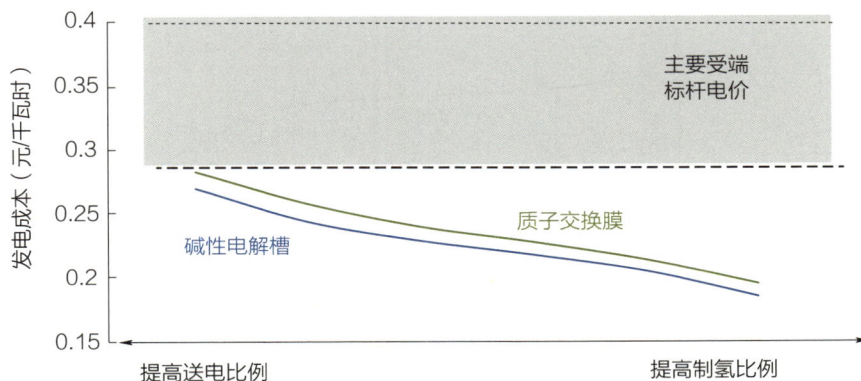

图 4.19   2030 年兼顾电/氢生产的新能源基地发电成本

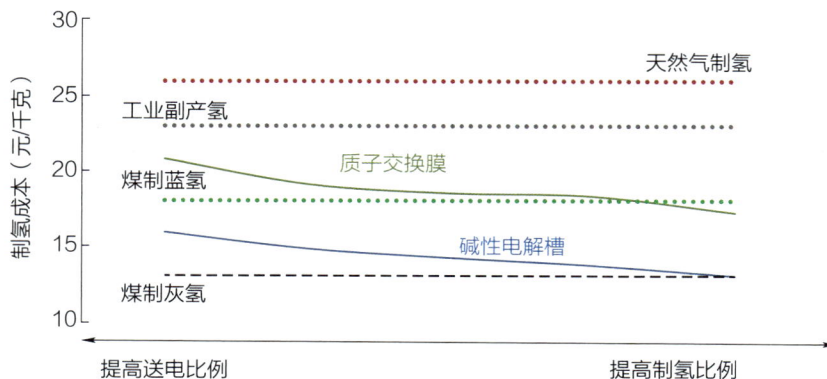

图 4.20　2030 年兼顾电/氢生产的新能源基地制氢成本

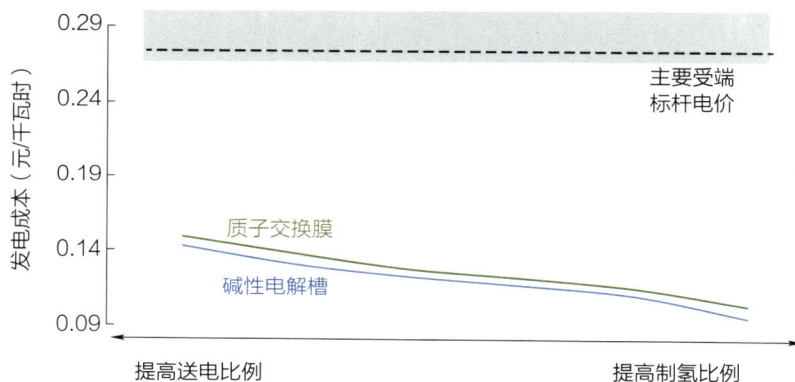

图 4.21　2050 年兼顾电/氢生产的新能源基地发电成本

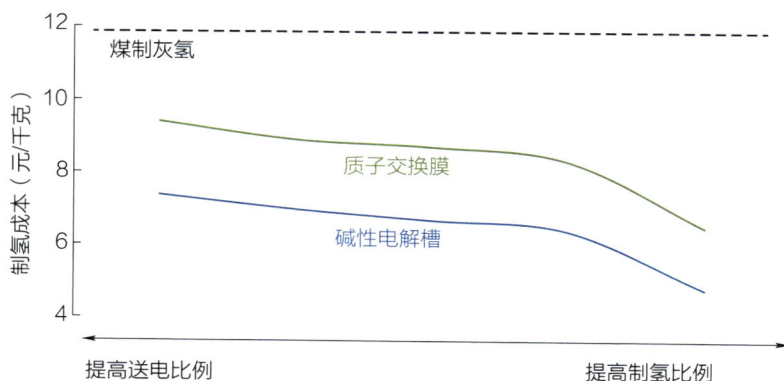

图 4.22　2050 年兼顾电/氢生产的新能源基地制氢成本

总收益方面，包括售电和售氢两部分，售电收益按 0.262 元/千瓦时的上网电价计算，在不考虑碳税的情况下，售氢收益按 25 元/千克的纯氢市场价格计算。采用模式 3 的新能源基地在 2030 年已具备一定经济效益，且适当提高制氢负荷占比，降低新能源基地开发的发电成本和制氢成本，有助于进一步扩大整体经济效益。

模式 3 2030、2040、2050 年兼顾电/氢生产设备规模和投资情况见表 4.10～表 4.12。

表 4.10　　模式 3 2030 年兼顾电/氢生产设备规模和投资情况❶

电/氢配置情况	外送规模（万千瓦）	制氢量（亿立方米）	规模						采用 AEC			采用 PEM		
			电解槽（万千瓦）	风电（万千瓦）	光伏（万千瓦）	短期调节（万千瓦）	氢发电（万千瓦）	储氢（吨）	LCOE（元/千瓦时）	LCOH（元/千克）	年收益（亿元）	LCOE（元/千瓦时）	LCOH（元/千克）	年收益（亿元）
1	1000	30	760	1560	3000	700	460	827	0.244	15.9	35	0.258	20.8	14
2	1000	50	1000	1700	3300	735	430	840	0.229	14.8	66	0.240	19.1	40
3	1000	70	1250	1850	3670	770	430	840	0.218	14.2	94	0.228	18.5	61
4	1000	100	1500	2000	4200	820	425	820	0.205	13.7	135	0.214	18.3	89

表 4.11　　模式 3 2040 年兼顾电/氢生产设备规模和投资情况

电/氢配置情况	外送规模（万千瓦）	制氢量（亿立方米）	规模						采用 AEC			采用 PEM		
			电解槽（万千瓦）	风电（万千瓦）	光伏（万千瓦）	短期调节（万千瓦）	氢发电（万千瓦）	储氢（吨）	LCOE（元/千瓦时）	LCOH（元/千克）	年收益（亿元）	LCOE（元/千瓦时）	LCOH（元/千克）	年收益（亿元）
1	1000	30	750	1290	3300	500	480	630	0.172	9.4	96	0.182	12.3	82
2	1000	50	930	1742	3200	485	480	630	0.160	8.8	134	0.169	11.7	116
3	1000	70	1120	1660	3950	479	480	630	0.155	8.6	168	0.162	11.4	146
4	1000	100	1380	1677	4200	470	480	630	0.141	8.0	226	0.147	10.7	198

❶ 年收益=售氢收益+售电收益，下同。

表 4.12   模式 3 2050 年兼顾电/氢生产设备规模和投资情况

电/氢配置情况	外送规模（万千瓦）	制氢量（亿立方米）	规模						采用 AEC			采用 PEM		
			电解槽（万千瓦）	风电（万千瓦）	光伏（万千瓦）	短期调节（万千瓦）	氢发电（万千瓦）	储氢（万吨）	LCOE（元/千瓦时）	LCOH（元/千克）	年收益（亿元）	LCOE（元/千瓦时）	LCOH（元/千克）	年收益（亿元）
1	1000	30	730	1400	2700	530	480	570	0.130	7.3	127	0.137	9.3	117
2	1000	50	900	1570	2900	480	480	580	0.122	6.9	166	0.127	8.8	154
3	1000	70	1100	1660	3300	476	480	580	0.116	6.6	203	0.121	8.6	188
4	1000	100	1350	1840	3700	460	480	560	0.109	6.3	260	0.114	8.2	240

4.5.2 电/氨生产并举

模式 3 中，新能源基地开发兼顾绿氢、绿氨生产和电力外送需求。相对模式 2，模式 3 为保证电力外送需要更多的电-氢-电转换满足风光不足时段的生产用电、外送电需求。未来，随着电制氢调节范围增大、柔性合成氨技术应用，新能源基地开发对储能、储氢的需求将大幅降低。当前及 2050 年协同模式 3 典型时段用电情况如图 4.23 和图 4.24 所示。

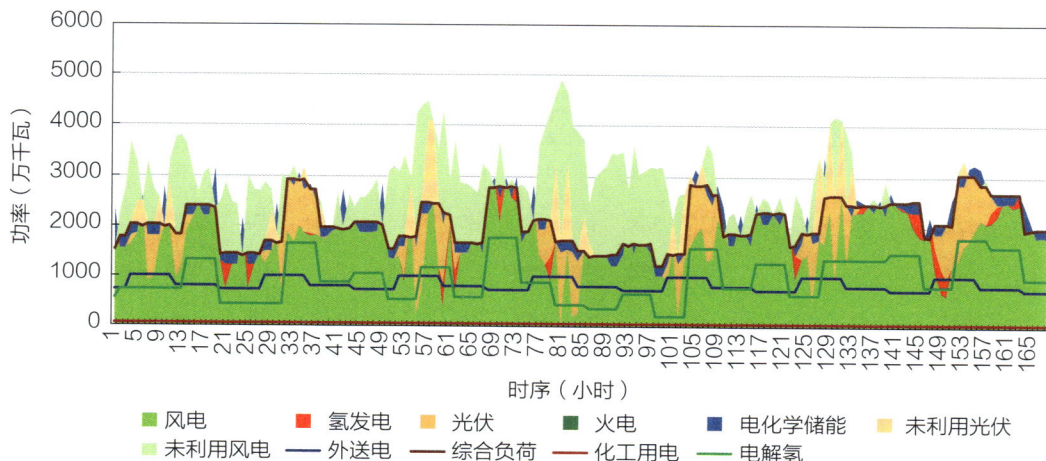

图 4.23 当前兼顾电/氨生产的典型时段用电情况

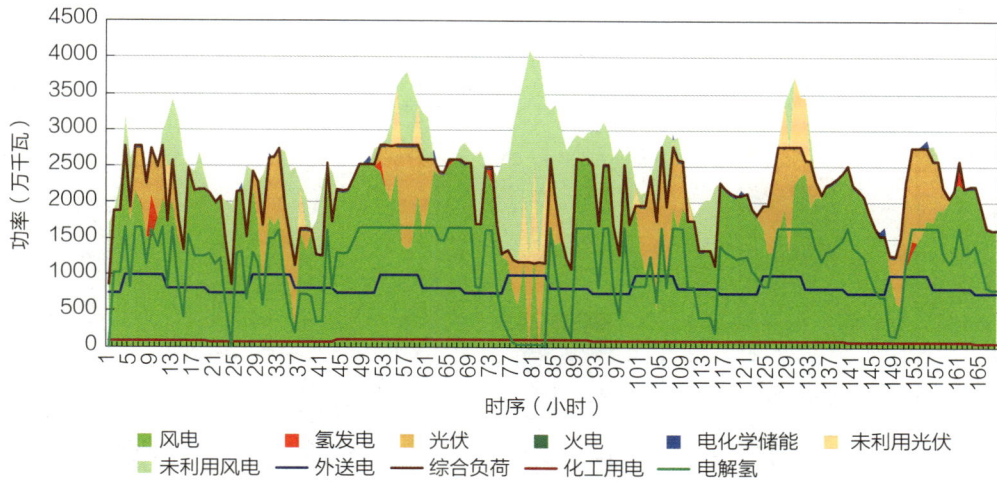

图 4.24　2050 年兼顾电/氨生产的典型时段用电情况

市场竞争力：模式 3 下，当前的绿氨成本在 4000 元/吨以上，高于煤制合成氨的市场价格（3500 元/吨）。当碳价达 125 元/吨以上时，绿氨相比煤制合成氨更具备经济竞争力。若运输至欧洲，考虑绿氨溢价，每吨氨收益在 1000 元左右。2030 年，随着柔性合成氨技术的进步和绿电成本的下降，绿氨成本降至 2800 元/吨，2040 年降至 2200 元/吨。2050 年进一步降至 1600 元/吨。

总收益方面，分为售电和售氨两部分。在不考虑碳税的情况下，按 0.262 元/千瓦时的上网电价和 3500 元/吨的液氨市场价格计算售电和售氨收益，2030 年本模式开始具备经济效益，且随着技术进步和设备成本下降，未来收益明显提升。

模式 3 兼顾送电/绿氨生产设备规模和投资情况见表 4.13，模式 3 绿氨产品成本分析、各项成本占比见图 4.25 和图 4.26。

表 4.13　　　模式 3 兼顾送电/绿氨生产设备规模和投资情况

水平年	外送规模（万千瓦）	氨产量（万吨）	规模						经济性		
			电解槽（万千瓦）	风电（万千瓦）	光伏（万千瓦）	短期调节（万千瓦）	氢发电（万千瓦）	储氢（吨）	LCOE（元/千瓦时）	氨成本（元/吨）	年收益（亿元）
当前	1000	560	1781	4150	2134	2027	480	15700	0.193	4278	−2.2
2030 年	1000	560	1569	3778	1953	532	500	6822	0.116	2844	124.3
2040 年	1000	610	1623	3757	1861	316	540	8532	0.079	2196	189.3
2050 年	1000	690	1659	3743	1800	303	606	9672	0.063	1630	248.4

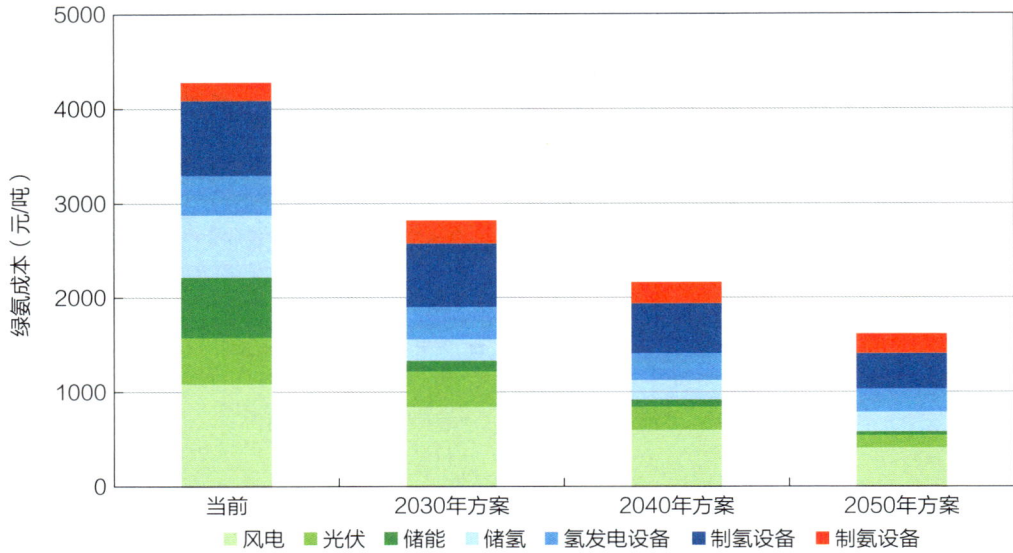

图 4.25   模式 3 绿氨产品成本分析

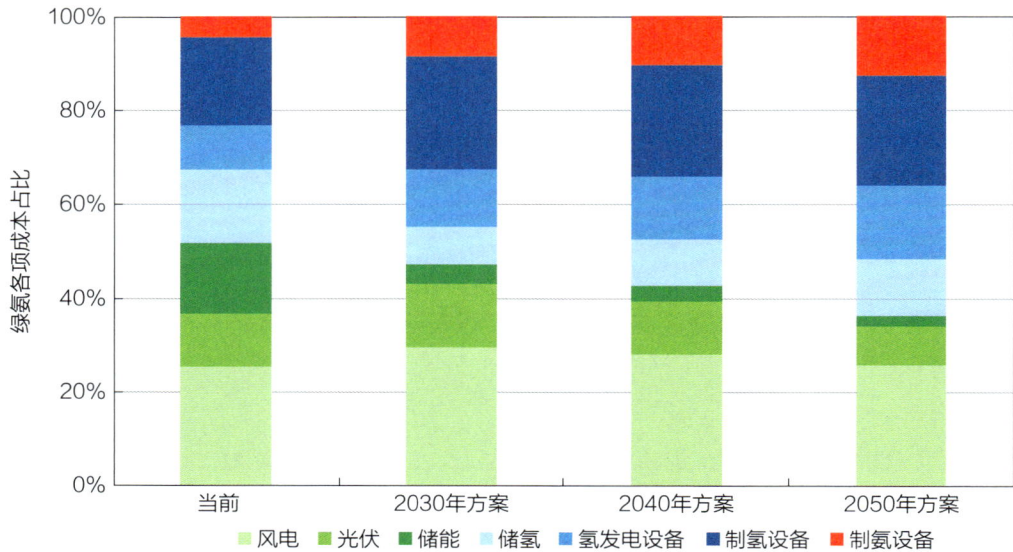

图 4.26   模式 3 绿氨产品各项成本占比

4.5.3 电/甲醇生产并举

与合成氨类似，模式 3 中，由于新能源基地开发需兼顾绿氢、绿色甲醇生产和电力外送需求，各方案对于灵活性资源的需求更高。由于火电提供了主要的长时间尺度灵活性，本模式不需要电－氢－电转换发挥长期储能作用，但短时储能、储氢需求有所提升。未来，随着制氢调节范围的增大、柔性合成甲醇技术的进步，对储能、储氢的需求将大幅降低。当前及 2050 年协同模式 3 典型时段用电情况如图 4.27 和图 4.28 所示。

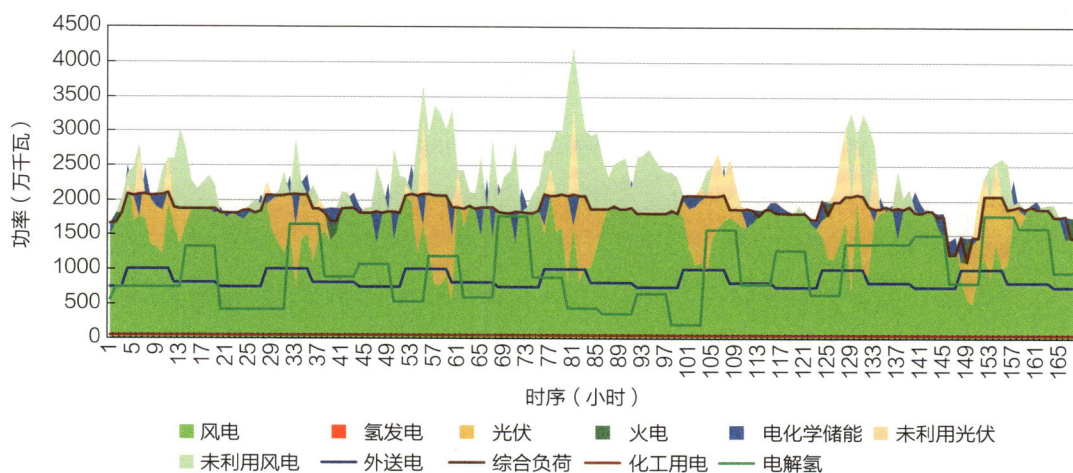

图 4.27　当前兼顾电/甲醇生产的典型时段用电情况

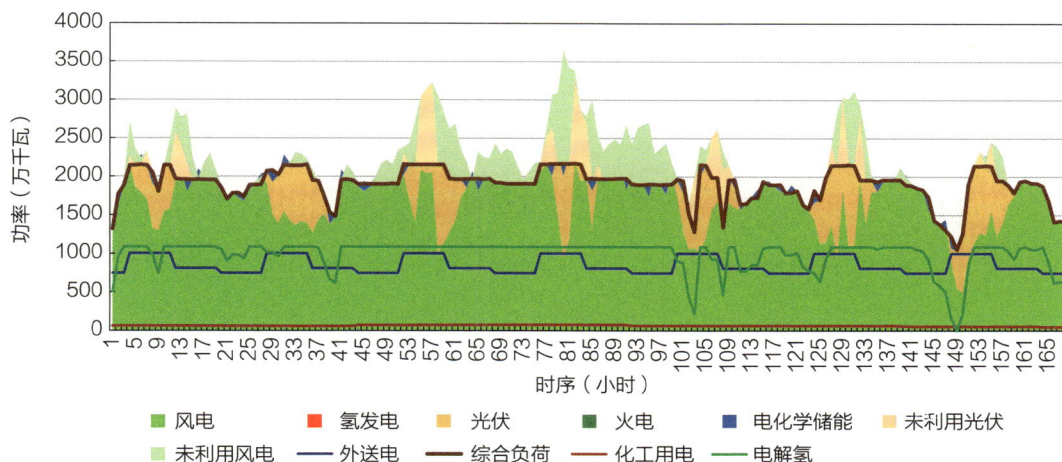

图 4.28　2050 年兼顾电/甲醇生产的典型时段用电情况

模式 3 兼顾送电/绿色甲醇生产设备规模和投资情况见表 4.14。

表 4.14　　模式 3 兼顾送电/绿色甲醇生产设备规模和投资情况

水平年	外送规模（万千瓦）	甲醇产量（万吨）	规模						利用二氧化碳（万吨）	经济性		
			电解槽（万千瓦）	风电（万千瓦）	光伏（万千瓦）	短期调节（万千瓦）	火电（万千瓦）	储氢（吨）		LCOE（元/千瓦时）	甲醇成本（元/吨）	年收益（亿元）
当前	1000	460	1023	3328	1700	392	648	6134	632.5	0.212	3698	−25.1
2030 年	1000	460	1122	3302	1500	131	648	730	632.5	0.154	2835	49.4
2040 年	1000	510	1085	3135	1500	135	646	1343	701.3	0.124	1991	108.9
2050 年	1000	580	1059	3243	1500	143	645	1752	797.5	0.107	1583	146.2

市场竞争力：模式 3 当前的绿色甲醇成本在 3700 元/吨左右，高于煤制甲醇的市场价格（2500 元/吨），若碳价达 600 元/吨以上，绿色甲醇相比煤制甲醇具备竞争力。2030年，绿色甲醇成本下降到 2800 元/吨，若碳价达 150 元/吨以上，相对煤制甲醇具备竞争力。2040 年，随着柔性合成甲醇的技术进步和设备成本下降，绿色甲醇成本降至 2000元/吨，开始具备经济优势，2050 年进一步降至 1600 元/吨。本模式充分利用了电制氢副产的氧气，降低了富氧燃烧碳捕集的成本，与不利用副产氧的常规燃烧后捕集技术的方式相比，本模式的甲醇产品提前 3~5 年具备市场竞争力。

模式 3 富氧燃烧技术对合成甲醇成本的影响见图 4.29，模式 3 各方案甲醇产品成本分析、各项成本占比见图 4.30、图 4.31。

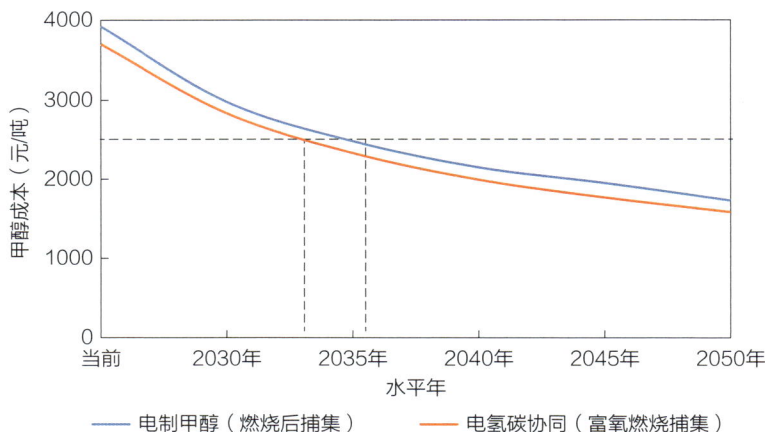

图 4.29　模式 3 富氧燃烧技术对合成甲醇成本的影响

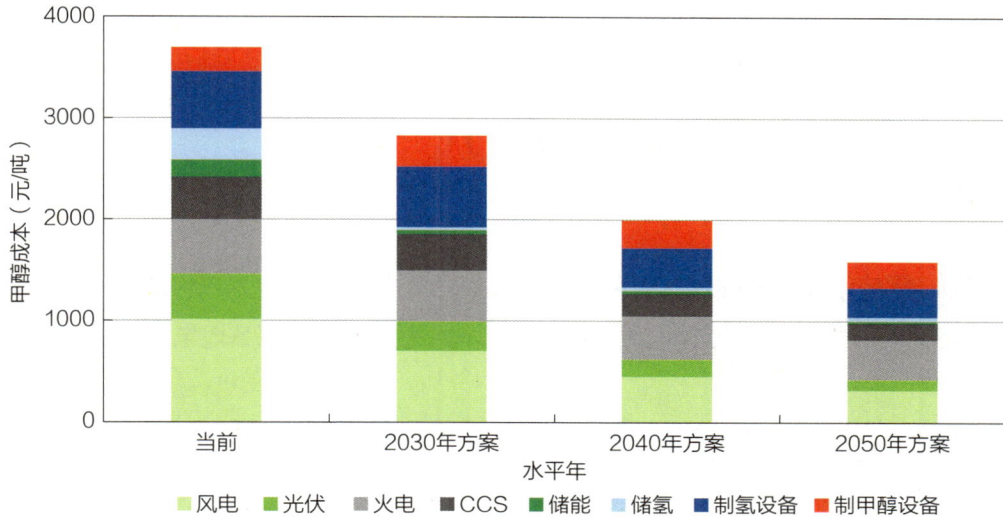

图 4.30 模式 3 各方案甲醇产品成本分析

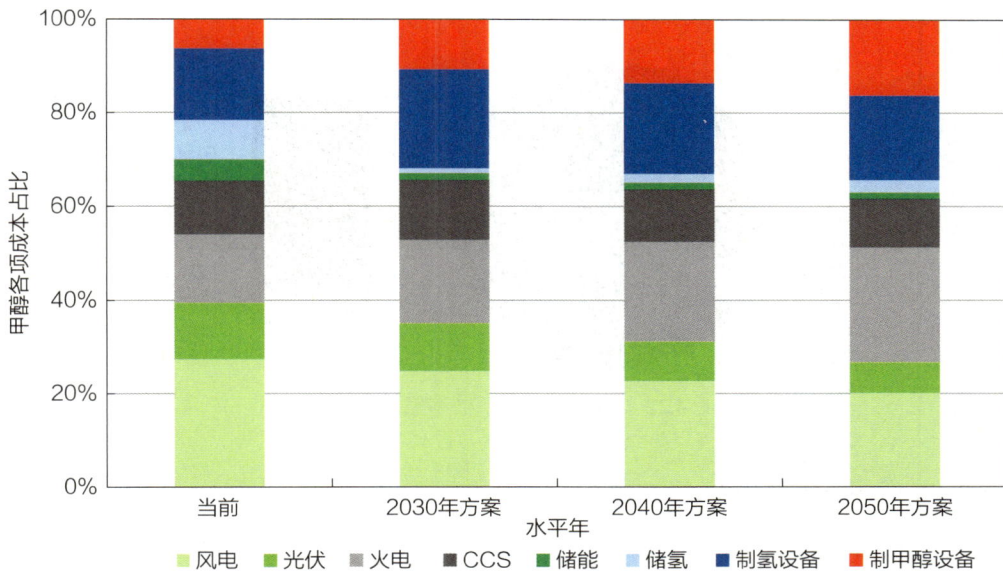

图 4.31 模式 3 各方案甲醇产品各项成本占比

总收益方面，分为售电和售甲醇两部分，按 0.262 元/千瓦时的上网电价计算售电收益。在不考虑碳税的情况下，按 2500 元/吨的甲醇市场价格计算售甲醇收益。2030 年本模式开始具备经济效益，且随着技术进步和设备成本下降，未来收益明显提升。

4.6　敏　感　性　分　析

　　当前，影响电氢碳协同发展的关键技术大多处于快速发展阶段，要实现其广泛应用，尚需取得突破性进展。在此期间，降低绿氢成本成为推广新能源基地电氢碳协同开发模式的关键。

　　绿氢生产成本的 80%是用电成本，12%来自电解槽等设备的建设投资，因此降低绿氢生产成本的首选是降低用电成本，其次是通过提高电解槽等设备的利用率，降低制氢设备的单位投资成本。

　　单极碱性电解槽制氢成本构成见图 4.32。

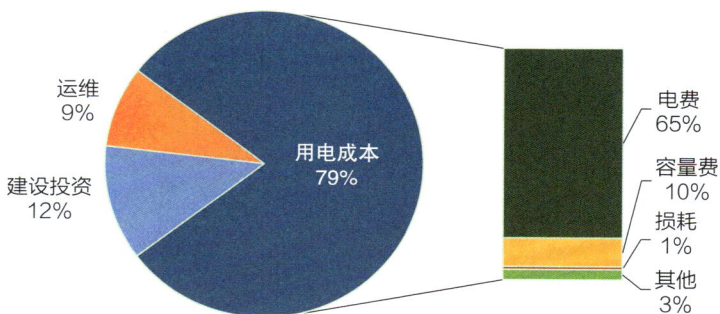

图 4.32　单极碱性电解槽制氢成本构成

　　绿氢制取依托大电网支撑的情况下，大电网承担调节压力，电制氢运行工况相对稳定，同时期用电成本变化较小，制氢成本与电解槽利用率呈负相关，特别是利用率低于40%、全年不足 3500 小时的情况下，随利用率增长的制氢成本下降速度明显；制氢用电成本主要受用电价影响，以当前国内碱性电解槽制氢系统为例，用电价约 0.25 元/千瓦时，绿氢成本约 18 元/千克；若新能源发电等设备成本降至当前的 1/3，用电价调整为0.1 元/千瓦时，绿氢成本降至 10 元/千克以下。

　　绿氢成本与电价的关系见图 4.33，大电网制氢成本与电解槽利用率的关系见图 4.34。

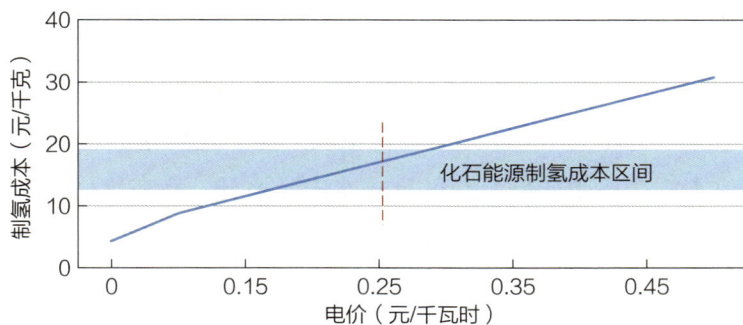

图 4.33 绿氢成本与电价的关系

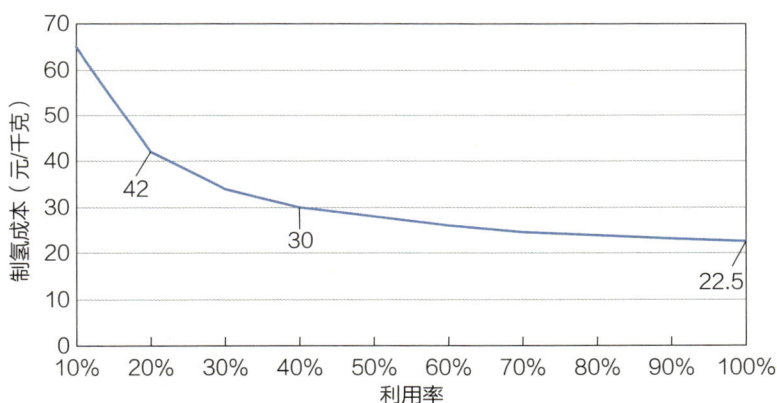

图 4.34 大电网制氢成本与电解槽利用率的关系

新能源基地制取绿氢的情况下，制取绿氢的用电全部来自新能源基地，与大电网支撑不同，一是制氢用电成本主要受新能源基地发电成本影响，随风光配置比例及调节资源配置规模的变动而变化。二是电解槽等设备最优利用率与基地风光配置方案相互影响、相互制约。由于新能源基地大多地处沙戈荒地区，缺乏大电网支撑调节，风光配置方式决定了新能源基地的综合出力特性。为减少额外配置的调节资源，电制氢负荷特性需要根据风光配置方式进行调整，尽量贴合新能源综合出力特性，电制氢设备利用率随之相应变化。反之，电制氢设备利用率变化引起的负荷特性变化，也将影响新能源基地风光配置比例的择优、调节资源需求的大小，进而影响发电成本。以电氢碳协同开发模式 2、年制氢量 100 亿立方米为例，新能源基地采用 0:1、1:3、1:2、1:1、2:1、3:1、1:0 等 7 种风光配比方案进行开发，制氢设备调节范围按照 20%～100%、

0～100%两种情况、电解槽利用率按照 3000、3500、4300 小时三种情况进行分析。

（1）电解制氢设备调节范围 20%～100%时，新能源基地需配置一定的储能。

固定风光配比的情况下，新能源基地发电成本随着电解槽利用率提升而升高，单位制氢的固定成本则会逐步降低，制氢总成本先降后升，存在价格拐点。以风光配比 2:1、制氢设备调节范围 20%～100%为例，在电解槽运行时长为 3500 小时时出现制氢成本的价格拐点。

新能源基地发电成本、制氢成本与电解槽利用率的关系（AEC）见图 4.35，考虑风光配比的电氢碳协同方案成本分析见表 4.15。

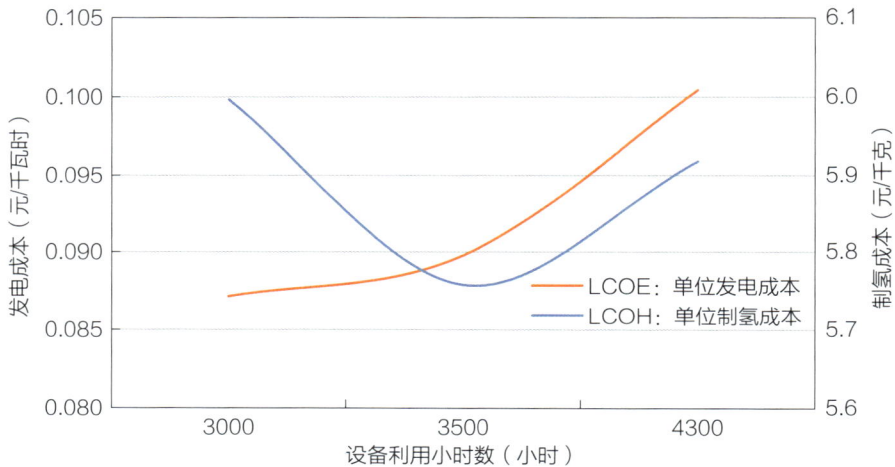

图 4.35　新能源基地发电成本、制氢成本与电解槽利用率的关系（AEC）
（风光配比 2:1，制氢设备调节范围 20%～100%）

表 4.15　　　　　考虑风光配比的电氢碳协同方案成本分析
（制氢设备调节范围 20%～100%）

风光配比	4300 小时				3500 小时				3000 小时			
	短期调节（万千瓦）	LCOE（元/千瓦时）	LCOH（元/千克）		短期调节（万千瓦）	LCOE（元/千瓦时）	LCOH（元/千克）		短期调节（万千瓦）	LCOE（元/千瓦时）	LCOH（元/千克）	
			AEC	PEM			AEC	PEM			AEC	PEM
全是光伏 0:1	750	0.127	7.09	8.80	713	0.121	7.16	9.26	596	0.110	7.21	9.75
1:3	476	0.100	5.88	7.58	452	0.097	6.08	8.18	454	0.097	6.44	8.97
1:2	455	0.100	5.89	7.60	426	0.096	6.02	8.12	423	0.094	6.32	8.86

续表

风光配比	4300 小时				3500 小时				3000 小时			
	短期调节（万千瓦）	LCOE（元/千瓦时）	LCOH（元/千克）		短期调节（万千瓦）	LCOE（元/千瓦时）	LCOH（元/千克）		短期调节（万千瓦）	LCOE（元/千瓦时）	LCOH（元/千克）	
			AEC	PEM			AEC	PEM			AEC	PEM
1:1	455	0.100	5.89	7.60	396	0.092	5.86	7.96	373	0.088	6.05	8.59
2:1	484	0.100	5.92	7.63	403	0.090	5.76	7.86	395	0.087	6.00	8.53
3:1	485	0.105	6.14	7.85	324	0.087	5.62	7.72	266	0.077	**5.54**	8.07
全是风电 1:0	649	0.118	6.7	8.41	375	0.092	5.85	7.95	234	0.078	5.58	8.12

　　风光配比不同时，从发电成本来看，新能源基地采用风、光混合式开发相对于单独开发风电或光伏，可减少调节资源需求，降低新能源基地的发电成本，具有更好的经济效益。**从制氢成本来看**，出现价格拐点对应的风光配比会随电解槽利用率发生变化。本算例中，电解槽利用率较高时，增加光伏装机占比，可降低制氢成本；电解槽利用率有所降低时，提高风电比例，有助于降低制氢成本。**从电制氢技术类型来看**，采用质子交换膜技术的设备成本较高，为降低单位制氢固定成本对制氢总成本的影响，可适当提高电解槽利用率。

　　发电成本与风光配比、电解槽利用率的关系见图 4.36，制氢成本与风光配比、电解槽利用率的关系见图 4.37 和图 4.38。

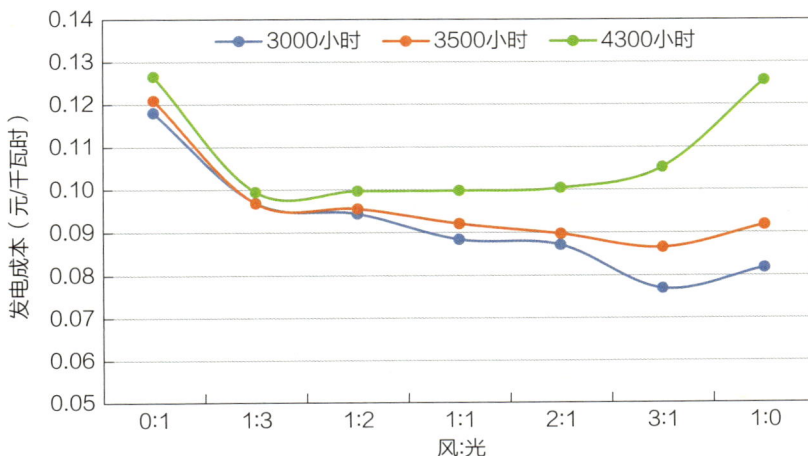

图 4.36　发电成本与风光配比、电解槽利用率的关系
（制氢设备调节范围 20%～100%）

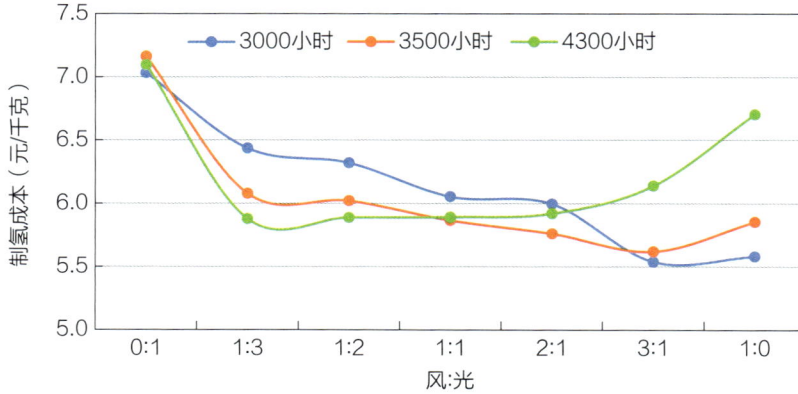

图 4.37　制氢成本与风光配比、电解槽利用率的关系（AEC）
（制氢设备调节范围 20%～100%）

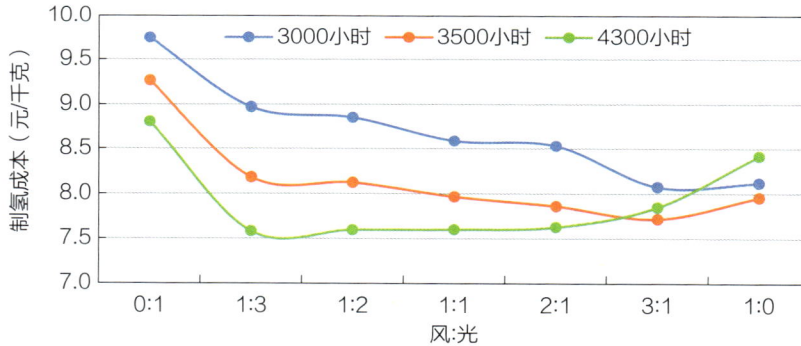

图 4.38　制氢成本与风光配比、电解槽利用率的关系（PEM）
（制氢设备调节范围 20%～100%）

（2）电解制氢设备调节范围 0～100% 时，调整风光配比可实现储能零配置。

在此前提下，电解槽利用率越高、度电成本较低的电源占比越大，制氢成本及发电成本越低。本算例中，风电的度电成本低于光伏，电解槽利用率相同时，制氢成本及发电成本随风电占比的提高而降低；储能规模为零时，电解槽利用率越高绿氢成本越低。

考虑风光配比的电氢碳协同方案成本分析见表 4.16。

表 4.16　　　　考虑风光配比的电氢碳协同方案成本分析
（制氢设备调节范围 0 ~ 100%）

风光配比	4300 小时				3500 小时				3000 小时			
	短期调节（万千瓦）	LCOE（元/千瓦时）	LCOH（元/千克）		短期调节（万千瓦）	LCOE（元/千瓦时）	LCOH（元/千克）		短期调节（万千瓦）	LCOE（元/千瓦时）	LCOH（元/千克）	
			AEC	PEM			AEC	PEM			AEC	PEM
全是光 0:1	750	0.127	7.09	8.80	600	0.113	6.80	8.90	0	0.061	4.84	7.37
1:3	70	0.110	4.68	6.39	32	0.064	4.59	6.69	0	0.058	4.70	7.23
1:2	0	0.073	4.26	5.97	0	0.058	4.32	6.42	0	0.057	4.66	7.19
1:1	0	0.064	4.26	5.97	0	0.057	4.29	6.39	0	0.057	4.62	7.15
2:1	0	0.064	4.20	5.91	0	0.056	4.25	6.35	0	0.055	4.57	7.10
3:1	105	0.070	4.56	6.27	0	0.056	4.24	6.34	0	0.055	4.55	7.09
全是风 1:0	624	0.115	6.56	8.37	10	0.059	4.38	6.47	0	0.055	4.47	6.93

4.7　应　用　路　径

　　本章针对三种电氢碳协同的新能源基地开发模式在不同水平年的经济性进行了详细的测算分析。从计算结果来看，在新能源基地整体零碳排放、自身解决调节问题、绿电及氢/氨/醇等产品全部送出和销售等给定的边界条件和计算参数下，随着柔性化工技术的发展，以及制取氢/氨/醇负荷灵活性的增加，2030 年后三种模式都有望具备经济性。从基地整体效益来看，外送电力与生产氢基产品并举的模式效益更佳。电力是未来新型能源体系的核心，电力的需求和市场空间要大于其他氢基燃料或原料，因此外送电力与生产氢基产品并举的协同开发模式是一种较好的选择。

　　三种新能源基地电氢碳协同开发的收益对比见图 4.39。

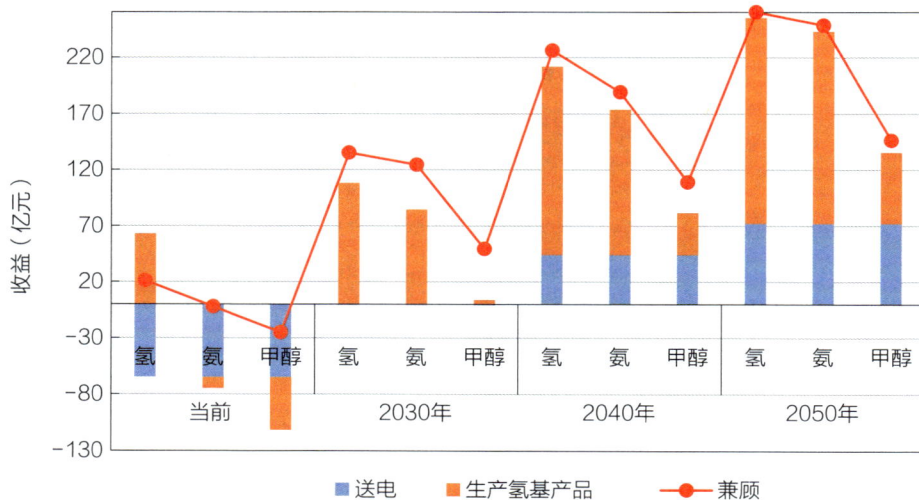

图 4.39　三种新能源基地电氢碳协同开发的收益对比

新能源基地电氢碳协同开发模式的推广应用与技术、经济、市场和政策等因素密切相关，需顺应实际需求和技术发展趋势循序渐进的实施。一方面相关技术仍在快速迭代发展，其成本下降趋势和进程存在一定的不确定性；另一方面受相关产业碳减排政策力度和绿色转型进度等因素影响，市场对绿氢及其衍生产品的需求规模和价格承受能力也存在一定的变化。

从当前实践来看，中国西部北部新能源基地开发首要任务是外送清洁电力，满足经济社会发展的用电需求，推动能源绿色低碳转型。因此，近期沙戈荒地区的新能源基地采用"风光火+"打捆开发，仍是一种技术可行、经济较优的开发模式。目前已批复的大型沙戈荒基地电源配置约为 1000 万千瓦新能源配 400 万千瓦煤电，新能源与火电电量比例约为 6:4，基地整体的碳排放强度约为 300～350 克/千瓦时。

2030 年前后，电制氢/氨/醇等技术将取得较大进步，但绿氢及其衍生产品的市场需求和价格仍存在一定不确定性，可选择部分新能源基地作为示范，推动电氢碳协同发展，以降低二氧化碳排放强度为目的，基地内配套火电实施掺氢/掺氨改造，在验证相关技术可行的基础上，逐步提升氢/氨掺烧比例，扩大示范应用规模，一方面为氢/氨/醇及其衍生产品规模化发展提供市场经验积累，另一方面也可进一步提升新能源基地电氢碳协同发展的减排效益。届时，煤电掺烧后的碳排放强度有望与天然气发电的碳排放水平相当，沙戈荒基地整体的碳排放强度降至 100~150 克/千瓦时。

　　未来，随着电氢碳协同关键技术的日趋成熟，绿氢及其衍生产品的成本下降以及市场需求的稳步增加，电氢碳协同的新能源基地开发方式将成为新能源重要的开发方式之一，无论是以外送电力为主，还是以生产绿色氢基产品为主，或是二者兼顾的开发模式都具备较强的市场竞争力，可根据具体市场需求，合理选择适用模式以及电与氢/氨/醇的配置比例。沙戈荒基地从发电基地转变为稳定可靠的绿电与绿色氢/氨/醇联产基地，火电不再作为新能源开发的主要支撑手段，只在有生产甲醇等含碳氢基产品需求时，配置一定规模的煤电，为基地提供长期调节能力和生产所需的二氧化碳。

5

全球重点地区应用展望

　　电氢碳协同的新能源开发模式为新能源资源丰富、水电等灵活调节资源不足、高载能产业密集、能源供应转型需求迫切的地区提供了发展新思路。放眼全球，海湾国家、北非地区、中南美洲的智利以及澳大利亚与中国北部❶地区类似，新能源资源富集且具备一定的产业基础，具有较强的电氢碳协同发展驱动力，适合在全球率先示范推广。

---

❶ 北部地区包括西北新疆、甘肃、青海、陕西及宁夏等省及自治区，华北京津冀、山西及蒙西地区，东北黑龙江、吉林、辽宁及蒙东地区。

5.1　中国北部地区

5.1.1　北部地区电氢碳协同发展优势

新能源基地化开发潜力巨大，电氢碳协同发展具备资源利用的先天优势。中国北部地区面积广袤，得益于西北季风气候特点和草原荒漠土地优势，区域内新能源资源丰富，开发成本低，风电、光伏基地平均成本为 0.11 ~ 0.13 元/千瓦时，未来平均成本有望再降低 0.02 元/千瓦时，远低于其他地区的新能源开发成本。同时作为重点开发的沙戈荒区域分布较为集中，仅内蒙古就分布着库布其、乌兰布和、腾格里等沙漠，集中了北部地区近 1/3 的新能源基地化开发潜力，开发条件优越，规模效应明显。

北部地区新能源基地化开发的天然优势有助于将新能源的"资源优势""价格优势"转化为电氢碳协同发展过程中相关产业的"价值优势"，利用丰富且低价的风光资源，实现制氢成本最小化，推动绿氢制备和应用的本地化和规模化发展，发展绿氢与煤化工耦合技术，吸引沿海地区高载能产业向新能源资源富集地区转移，满足其他延伸产业的用氢需求，在能源、化工、纺织、高端材料等领域产生更高价值。初步测算北部地区 2030、2050 年绿氢平均生产成本为 13、6 ~ 7 元/千克，比全国平均绿氢成本低 30% ~ 40%。

煤化工等高载能产业密集，能源转型和产业升级意愿迫切，电氢碳协同发展的产业融合需求强烈。北部地区煤炭、石油、盐、天然气等资源丰富，其中已探明煤炭储量占全国探明储量的 80%❶，聚集着蒙东、神东、晋北、晋中、晋东等多个大型煤炭基地，其中内蒙古东胜煤田已探明储量占全国的 1/4。同时，河北、辽宁、内蒙古等地又是煤化工、有色金属冶炼、黑色金属冶炼等高耗能产业的聚集地区，能源转型需求迫切且巨大。随着"双碳"目标的提出，北部地区各地加大力度提出了传统高耗能产业与新能源高效利用深度融合的要求，一方面推动行业用能清洁转型，满足国内外市场对相关产品

---

❶ 数据来源：自然资源部，中国矿产资源报告（2023）.

的碳排放要求，维持市场准入资格；另一方面利用清洁资源价格优势，提高企业核心竞争力，推动产品结构向高端化、多元化发展，产生更高附加值和产品价值。

丰富的新能源资源和煤炭储量、完备的高耗能产业基础为北部地区提供了能源优势、原料来源、产业协同发展意愿，保障了北部地区电氢碳产业联动发展具备可行性。以内蒙古为例，伴随丰富的煤炭资源和新能源优势，内蒙古提出了依托新能源产业优势带动传统煤化工产业升级，满足未来产业发展和市场高端需求的发展思路，建成了多个门类全、规模大的现代煤化工试验示范项目集中区。在新能源应用、绿氢等方面，着重开展了光伏治沙制氢、"光－氢－储－运－车"模式零碳闭环产业链、绿氢/化工融合产业、CCS+氢制甲醇/乙二醇、新能源重卡等方向的产业培育。目前，内蒙古已建成的鄂尔多斯产业园构建了煤制油气、煤制醇醚、煤制烯烃等多条产业链，位列中国四大现代煤化工产业基地之一❶。

政策支持力度大，电氢碳协同发展的外部环境优势明显。自国家发展改革委、国家能源局发布《以沙漠、戈壁、荒漠地区为重点的大型风电光伏基地规划布局方案》（发展基础〔2022〕195 号）和《关于开展全国主要流域可再生能源一体化规划研究工作有关事项的通知》等相关政策伊始，中央及地方层面对"新能源/氢能大基地"示范项目的政策扶植力度不断加大，北部地区各省市区为引导新能源有序发展和带动产业转型升级，均出台了通过风光氢共同开发促进新能源就地消纳的相关政策，成为风光等新能源"大基地"开发、氢能"大基地"产业规模化发展的主要推动力量。一方面采用对重工业低碳转型和绿氢应用的市场激励、优惠电价及项目开发建设资金支持等方式，加强对"大基地"示范项目的政策倾斜和金融扶持，同时对新建增量高耗能项目实施绿电、绿氢利用的刚性约束，鼓励存量用能项目实施绿电替代、拓展清洁能源消纳用能空间；另一方面集中区域优势，利用内部市场和优势资源，调动地方产业链协同发展能力，北部各地均产生一大批有代表性的绿电、绿氢"大基地"示范项目，截至 2023 年 11 月全国 41 个已建、在建和规划电制氢项目全部分布在北部地区，绿氢产能达到 120 万吨，"风光氢"示范项目的密集落地，让北部地区绿氢产业率先进入加速发展阶段，为下一阶段的发展提供可参考借鉴的实践案例。

---

❶ 根据 2017 年国家发展改革委、工信部发布的《现代煤化工产业创新发展布局方案》（发改产业〔2017〕553 号）。

5.1.2　北部地区电氢碳协同发展模式及效益

　　未来，北部地区成为中国绿电、绿氢的富集区，用能中心仍主要在中东部，整体呈现西电东送、北电南供以及西氢东输的配置格局，如图 5.1 所示。

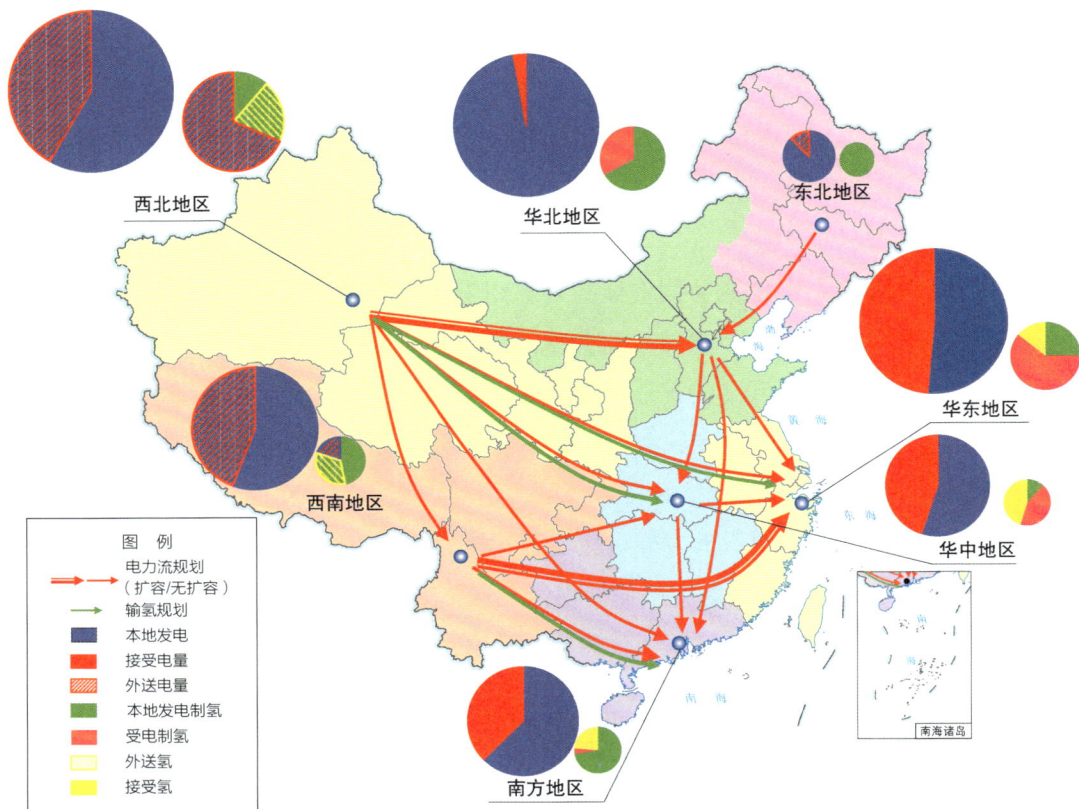

图例

- 电力流规划（扩容/无扩容）
- 输氢规划
- 本地发电
- 接受电量
- 外送电量
- 本地发电制氢
- 受电制氢
- 外送氢
- 接受氢

图 5.1　中国电－氢跨区配置示意图

　　预计全国约 80% 的绿氢生产集中在北部地区。2030、2050、2060 年北部地区可生产绿氢 800 万、6200 万、7600 万吨，其中 80% 用于本地用氢，20% 输送到中东部地区。初步测算，截至 2050 年，北部地区通过电氢碳协同发展可带动新能源基地开发 12 亿千瓦，跨区绿氢贸易营收 3200 亿元、氢基化工产业值 3100 亿元、绿色钢铁产量 2 亿吨、实现二氧化碳减排 12.5 亿吨。北部地区电氢碳协同发展示意如图 5.2 所示。

图 5.2 北部地区电氢碳协同发展示意图

对于煤电机组低碳改造方面，2030 年我国沙戈荒地区大型风光基地规划规模 4.55 亿千瓦❶，按照已批复项目的"风光火+"配置比例测算，至少需要 1 亿千瓦煤电❷支撑新能源基地开发。结合电氢碳协同模式应用时序建议，2030 年前后新建的新能源基地就地生产氢（氨/醇），按照 1 吨氢副产 8 吨氧计算，2030 年北部地区每年副产氧达到 6400 万吨，为 2500 万千瓦煤电提供富氧燃烧（含氧量大于 90%）所需氧气，发电量约 880 亿千瓦时，同时结合煤电氨掺烧技术，煤电碳排放强度可降至 400 克/千瓦时（掺烧 50%），沙戈荒基地平均发电碳排放强度降至 100～150 克/千瓦时。2040 年前后，电氢碳实现深度耦合，新能源基地配套火电排放的 2.4 亿～3.2 亿吨二氧化碳"变废为宝"，沙戈荒发电基地转变为稳定可靠的电−氢−氨/甲醇联产基地，整体实现零排放。新能源基地配套火电绿色转型的路径见图 5.3。

---

❶ 根据 2022 年国家发展改革委、国家能源局发布的《以沙漠、戈壁、荒漠地区为重点的大型风电光伏基地规划布局方案》。

❷ 根据当前已批复的大型沙戈荒外送基地统计，新能源 1000 万千瓦配置煤电约 400 万千瓦。

风光火打捆
+富氧捕集　→　煤电
掺氢　→　电氢氨醇
联产　→　新能源
可靠替代

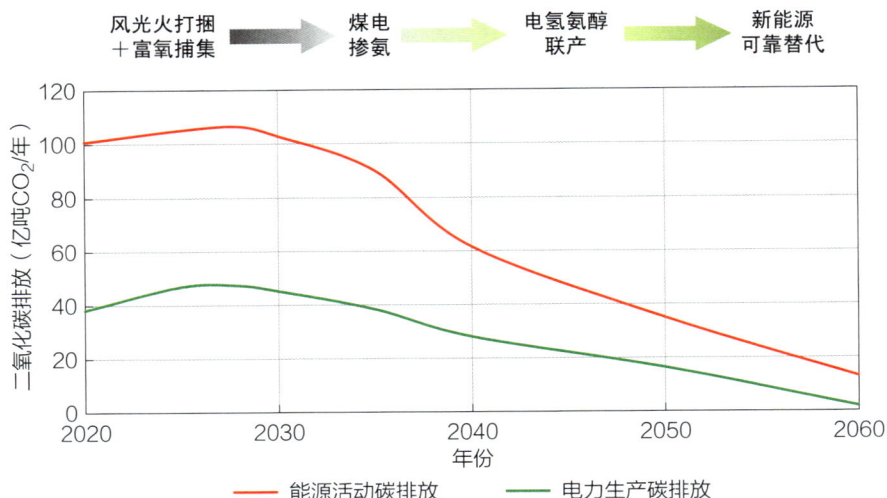

图 5.3　新能源基地配套火电绿色转型的路径

基于电氢碳协同的新能源开发需要遵循"优势产业引导、基地开发与产业升级联动、差异定位协同模式"的原则，并结合各地区产业发展的相关政策文件、资源禀赋以及传统产业转型需求等方面综合考虑，电氢碳协同发展优先在新能源基地集中、煤化工制氨、制醇及氢冶金等行业基础扎实的地区开展。其中，**西北地区**利用丰富且具备成本竞争力的新能源资源就近制氢，重点围绕"绿色化工+跨区输氢"开展电氢碳协同模式应用。此外，新疆可向西与周边一带一路沿线国家开展跨国绿氢贸易。**华北地区**以局部资源优势区域为核心，以"绿色化工+绿色冶金"为突破口，开展电氢碳协同模式应用，此外河北利用京津冀区位优势发展绿色交通产业。**东北地区**是中国重要的煤化工、炼化/合成氨等化工产业发展基地，电氢碳协同主要发展"绿氢供应+绿色化工，侧重绿氨生产"的模式，利用绿氢产业对原有副产氢进行逐步替代。此外，辽宁可利用港口便利，开展海外绿氢贸易。

5.1.3　重点地区发展潜力

华北及东北地区缺乏水能资源、本地清洁低碳的灵活调节资源储备不足，且不具备跨区域共享灵活调节资源的条件，寻求新能源基地开发新模式的意愿更加强烈。因此，本章重点对华北及东北地区的化工、冶金、发电领域的电氢碳协同发展潜力进行分析。

预计 2030、2050、2060 年华北及东北地区绿氢需求分别为 320 万、2000 万、2350 万吨，占全国总需求的 32%、25%、24%，详见表 5.1。

表 5.1　　　　　　　华北及东北地区绿氢需求预测　　　　　单位：万吨/年

地区	2030 年	2050 年	2060 年
华北及东北地区	320	2000	2350
北京	20	84	97
天津	7	57	67
河北	68	453	518
内蒙古	179	693	831
山西	16	269	322
吉林	10	102	111
黑龙江	7	103	123
辽宁	14	240	281

分行业来看，化工和冶金行业绿氢需求占地区绿氢总需求的 50%，若按照 4.4 中电氢碳协同开发模式 2 考虑，需要配套开发新能源资源 3000 万～2.3 亿千瓦。

1. 化工领域

化工领域是绿氢应用最广泛、最具经济性的应用领域，用氢需求主要集中在合成氨、甲烷、甲醇等重要化工原料产业。从华北及东北地区目前已提出的示范项目来看，超过一半的电氢一体化示范项目用于制氨，其余 30% 用于制甲醇及煤化工，20% 用于交通及冶金领域。华北及东北地区主要已建、在建和规划电制氢项目见表 5.2。

表 5.2　　　　　华北及东北地区主要已建、在建和规划电制氢项目

区域	项目数量（个）	总量（万吨/年）	用途				
			制氨（万吨/年）	制甲醇（万吨/年）	煤化工（烯烃）（万吨/年）	氢能（万吨/年）	冶金（万吨/年）
合计	35	107.53	58.25	3.2	26.1	17.18	2.8
吉林	2	6.1	5	1.1			
辽宁	1	5.6	5.6				

续表

区域	项目数量（个）	总量（万吨/年）	用途				
			制氢（万吨/年）	制甲醇（万吨/年）	煤化工（烯烃）（万吨/年）	氢能（万吨/年）	冶金（万吨/年）
内蒙古	32	95.83	47.65	2.1	26.1	17.18	2.8
其中：鄂尔多斯	11	34.83	2	2.1	26.1	4.63	
阿拉善	2	4.28	2.2			2.08	
内蒙古中部	8	24.75	21.17			0.78	2.8
内蒙古东部	11	31.97	22.28			9.69	

预计 2030、2050、2060 年华北及东北地区化工领域绿氢用能需求分别为 120 万、383 万、444 万吨，占全国总需求的 30%、24%、25%。2060 年，绿氢在化工领域应用的技术成熟及产业规模化发展成熟后，内蒙古、河北、山西、吉林以及黑龙江等地区化工领域绿氢能需求在华北及东北地区的占比分别为 43%、6%、4%、12%、16%。若按 4.4 中电氢碳协同开发模式 2 考虑，需要配套开发新能源资源 2400 万~8700 万千瓦。华北及东北地区化工行业氢能需求预测见表 5.3。

表 5.3　　　　　　　　华北及东北地区化工行业氢能需求预测　　　　单位：万吨

地区		2030 年	2050 年	2060 年
华北及东北地区	合成氨	90	145	182
	甲醇	30	207	211
	甲烷	0	28	51
	合计	**120**	**383**	**444**
其中：内蒙古	合成氨	65	44	68
	甲醇	27	100	100
	甲烷	0	3	21
	合计	**93**	**147**	**189**

续表

地区		2030 年	2050 年	2060 年
河北	合成氨	3	14	14
	甲醇	0	6	8
	甲烷	0	6	5
	合计	**3**	**26**	**27**
山西	合成氨	11	6	8
	甲醇	0	3	5
	甲烷	0	3	3
	合计	**11**	**11**	**16**
吉林	合成氨	3	17	17
	甲醇	3	35	35
	甲烷	0	3	3
	合计	**5**	**55**	**55**
黑龙江	合成氨	3	24	31
	甲醇	0	30	32
	甲烷	0	5	9
	合计	**3**	**59**	**73**

其中，绿氨需求随着替代率的逐步提高呈持续增长趋势。预计华北及东北地区2030 年前电制绿氨已开展规模化应用，替代率达到 15%，2050、2060 年替代率分别升至 65%、75%。按照合成 1 吨氨需要 176 千克氢气考虑，2030、2050、2060 年华北及东北地区合成氨用氢需求约 90 万、145 万、182 万吨，约占全国合成氨用氢需求的 30%。

华北地区是我国甲醇的主要生产区域，产能占全国的 1/3，仅内蒙古甲醇产量就占全国的 16% 左右。东北地区吉林、黑龙江也在积极布局，目前已引入中国能源建设集团有限公司、国家电力投资集团有限公司多家公司风光一体化制醇项目，处于初步示范应用阶段，2030 年以后逐步具备规模化应用能力。预计未来内蒙古、东北地区甲醇产量仍将保持当前 18%的全国市场占比，按照电制绿醇 35%～40%的市场替代率、合成 1 吨甲醇需要 300 千克氢气计算，2030、2050、2060 年华北和东北地区需氢量至少达到 11 万、207 万、211 万吨。

绿氢合成甲烷，近期仍不具备经济性，中远期在绿氢成本下降、合成甲烷技术进步的联合作用下，绿氢合成甲烷率先在远离天然气产地的地区得到推广，替代率约 5%～10%，2060 年替代率可提升至 10%以上。按照合成 1 吨甲烷消耗 550 千克绿氢计算，预计 2050、2060 年华北和东北地区电制甲烷需氢量可分别达到 28 万、51 万吨，约占全国电制甲烷用氢需求的 5%。

2. 冶金领域

2022 年中国粗钢年产量为 10.1 亿吨，华北及东北地区产量达到 4.2 亿吨，占全国的 41%，其中河北 21%、辽宁 7.4%、山西 6.3%、内蒙古 3%、天津 1.7%、吉林 1.3%。根据各省市钢铁产业的调整设计，未来北京、辽宁、山西将不再承接炼钢、炼铁产业，天津市北辰区、河北省张家口区、廊坊市等地区的相关炼钢、炼铁产能将逐步引导出去，这意味着未来中国钢铁产业的布局也将进入大变革、大调整的阶段。目前，中国钢铁企业区位布局主要与铁矿石和焦炭资源的分布、运输条件、市场需求等要素密切相关。未来，氢能炼铁产能和现有炼铁产能存在空间分布上的差异，氢能炼铁项目选址会倾向于选择绿氢资源丰富的地区，以降低氢能储运成本，氢能炼铁项目倾向于向西、向北转移，因此内蒙古占比有所提高，河北、天津、山西、辽宁占比基本维持不变或略有下降，预计 2030 年华北及东北地区粗钢产量占全国总产量的比重与当前持平，2050、2060 年将提高到 55%、56%。

绿氢炼铁预计 2030 年实现初步示范应用，示范工程产能达到 20 万吨；2050 年钢铁需求量为 7.5 亿～8 亿吨，由于绿氢成本降低、氢炼铁技术发展突破，氢炼铁成本与高炉炼铁经济性相当，替代率提高至 25%～30%左右；2060 年钢铁需求量降至 7.5 亿吨以下，绿氢炼铁替代率将达到 30%以上。按照生产 1 吨钢材需要 50 千克氢气计算，华北和东北地区冶金领域需氢量可分别达到 31 万、694 万、826 万吨，其中，约有一半需求集中在河北，其次是内蒙古和山西用氢需求占比均为 19%。若按照 4.4 中电氢碳协同开发模式 2 考虑，需要配套开发新能源资源 600 万～1.6 亿千瓦。华北及东北地区冶金领域氢能需求预测见表 5.4。

表 5.4　　　　　　　　华北及东北地区冶金领域氢能需求预测　　　　单位：万吨

地区	2030 年	2050 年	2060 年
华北及东北地区	31	694	826
其中：内蒙古	3	129	161
河北	23	316	363
山西	0	126	154
吉林	3	17	20
黑龙江	0	12	14
辽宁	3	76	90

3. 发电领域

目前，华北及东北地区电源总规模约 7.3 亿千瓦，可调节电源占总装机的 67%，以火电机组为主。未来，在不考虑新型储能的情况下，华北及东北地区电力系统内可作为调节电源的机组规模为 4 亿～6 亿千瓦，主网负荷侧的灵活调节需求基本能够得到保障。但是以新能源为主的清洁电源基地周边需要新建大量的储能或调节电源支撑电力外送。目前氢储能/氢发电技术尚未成熟，预计 2030 年前后发电用氢会小幅增长，2040 年以后氢发电技术逐步大规模应用。经测算，2050—2060 年华北及东北地区每年发电用氢需求为 80 万～100 万吨，年发电量 190 亿～200 亿千瓦时，主要分布在内蒙古地区。若按照 4.3 中电氢碳协同开发模式 1 考虑，届时可支撑 1 亿千瓦风光资源开发，外送电力规模 3000 万千瓦。

5.2　海　湾　国　家

5.2.1　海湾国家绿氢发展优势

雄厚的资本积累是绿氢产业发展的重要支撑。为实现财富增值保值，海湾六国纷纷设立以巨额石油收入为主要构成的主权财富基金，并取得快速发展。截至 2021 年底，全球主权财富基金资产已达到 9.8 万亿美元。其中，阿联酋、科威特和沙特阿拉伯主权基金分别位居全球第三、四、六位。主权财富基金为海湾六国带来了巨大的流动资金，为其可持续发展奠定了坚实的资本基础。目前，该地区正在扩大其主权财富基金，仅沙特阿拉伯的新主权财富基金规模就有望达到 2 万亿美元，其他各国主权财富基金约为数千亿美元。这为海湾六国投资全球优质资产、新兴产业、新兴技术等提供了雄厚的资本实力，一方面为各国带来稳定的收入来源，实现国家收入的多元化，另一方面有助于本国新兴产业的发展。

丰富的清洁能源资源将为绿氢发展带来成本优势。海湾国家所处的西亚地区是全球太阳能资源最富集的地区，开发潜力巨大、开发条件好，具备开发千万千瓦级大型风光基地的条件。太阳能光伏平均容量因子高达 19%，同时拥有规模效应，且融资成本低，土地与融资政策利好带来较低的初期投资和运营成本，因此发电平准化度电成本在全球范围内处于较低水平。光伏技术可开发装机容量超过 2800 亿千瓦，主要集中在阿拉伯半岛至小亚细亚半岛南部。平均利用小时数约 1980 小时，最高可达约 2200 小时，预计 2030 年前平均度电成本为 1.8 美分/千瓦时，2050 年可降至 1.4 美分/千瓦时。光热技术可开发装机容量近 180 亿千瓦，资源富集地区包括红海、波斯湾沿岸地区、两河流域，利用小时数近 4700 小时，最高可达 6000 小时以上，光热发电可作为当地重要的灵活调节资源。优质的太阳能资源不但是海湾六国摆脱对传统化石能源过度依赖、实现能源产业多元化与清洁化发展的关键，也是支撑绿氢发展的关键。用电成本在电解水制氢成本中的比重最高，而在海湾地区，低成本的可再生能源发电令其生产的绿氢具有更强的成本竞争优势。

完善的工业和供应链基础设施为绿氢产业发展提供了坚实的产业基础。海湾各国建立了完善的石油和天然气管理部门以及具有国际竞争力的供应链，世界上主要的石油和天然气公司均在海湾国家设立了本地分支机构。沙特阿拉伯、阿联酋和阿曼等国拥有完善的石化、铝、钢铁、航空和航运业等产业，包括世界级的炼油工业、化石管道、出口港口等基础设施，还建设了几个现有的氢气和管道项目，以上均可以支撑未来氢工业部门的增长。同时，在盐洞和枯竭的天然气储层内有地质储氢空间的发展潜力。

区域一体化发展、自由贸易政策以及相对安全的国内环境是支撑绿氢发展的重要

力量。阿拉伯半岛是连通亚欧非三大洲的世界枢纽，位于全球关键水道之间，海湾国家具备成为全球主要贸易中心的潜力。海湾国家已经建立起经济联盟，各国实行自由贸易政策，关税极低，也为其发展物流、港口、贸易、金融等产业提供了便利条件。

5.2.2　海湾国家绿氢发展政策

在全球能源清洁转型、共同应对气候变化背景下，海湾国家广泛关注利用可再生能源制氢来替代化石能源消费，有效降低碳排放和环境污染。氢气可以在沙漠地区以较低成本生产，这为依赖化石燃料出口作为国民收入重要来源，却拥有丰富可再生能源资源的国家提供了新的机遇，创造新的能源出口渠道。沙特阿拉伯、阿联酋、阿曼等国家都把发展绿氢产业作为未来 10 ~ 30 年间重要的国家战略，也是其实现碳中和目标的关键组成部分。

1. 沙特阿拉伯

沙特阿拉伯高度重视和支持绿氢领域发展，希望成为全球氢能供应的领导者。 沙特阿拉伯希望成为世界上最大的氢气生产国和出口国，计划到 2030 年生产和出口约 400 万吨氢气能源。作为国家运输和物流战略的一部分，沙特阿拉伯已经在氢气项目上投入巨资，旨在到 2030 年前将该行业的非石油收入提高到 120 亿美元。目前，作为沙特阿拉伯未来新城（Neom）开发项目的一部分，沙特国际电力与水务公司于 2020 年 7 月与美国空气产品公司签订了一项价值 50 亿美元的氢基氨厂合作合同，在沙特阿拉伯红海海岸启动沙特太阳神绿色燃料项目。这个项目将利用 400 万千瓦的光伏和风电生产氢气，计划于 2025 年投产，每天生产 650 吨绿氢，通过空气分离生产氮气，每年生产 120 万吨绿氨，然后运往世界各地，用于运输市场。

2. 阿联酋

阿联酋正式发布国家氢能战略，力争成为全球绿氢的领军国家。 阿联酋在 2021 年 11 月公布了阿联酋氢能领导路线图（UAE Hydrogen Leadership Roadmap），在 2015 年巴黎协议的基础上，成为中东北非首个实现净零战略的国家。阿联酋的氢能源发展战略包含三大核心目标：通过出口低碳氢、衍生品和产品来释放新价值，为低碳钢、可持续煤油以及其他优先产业培育新的氢衍生品创造机会，并为 2050 年净零承诺做出贡献。2023 年 11 月阿联酋政府正式发布国家氢能战略（National Hydrogen Strategy），概述了可持续能源政策的多项措施，旨在到 2031 年将成为全球氢能领导者，并强调了到 2050 年实现净零排放的目标。该战略设定了阿联酋的氢能生产目标，即到 2031 年（也是其建国 60 年之际），年产 140 万吨氢，其中本地绿氢产能达到 50 万吨/年，电制绿氢配套发电装机容量 1530 万千瓦，使阿联酋成为全球最大的氢生产国。生产出来的氢气将主要用于国内工业的脱碳发展，到 2031 年阿联酋的氢能需求量将可达 270 万吨/年，其中包括出口的 60 万吨/年。阿联酋希望通过大力推广绿氢应用，推动关键行业的低碳化转型，实现氢能的自给自足，减少对国外进口的依赖。该战略预测，2031—2050 年间，阿联酋国内市场对氢能需求增长 5 倍，即从 210 万吨/年增长到 1010 万吨/年。同时，出口量可能达到 480 万～960 万吨/年。2050 年绿氢占全国氢能产量的比重为 47.5%，达到 707 万吨/年，配套发电装机容量超过 2 亿千瓦。初期出口的产品主要是氢气衍生品和绿色产品，例如氨、合成燃料和绿色钢铁，但随着技术和市场的发展，阿联酋的氢气出口行业也将进一步发展。迪拜首个绿氢工厂示意见图 5.4。

图 5.4　迪拜首个绿氢工厂示意图

3. 阿曼

阿曼努力建设绿氢大国，希望绿氢经济为本国提供经济多元化转型机遇的同时，实现应对气候变化的目标。阿曼拥有丰富的可再生能源资源，地广人稀，航运基础设施完善、拥有扼守霍尔木兹面朝印度洋的港口，与绿氢消费市场相距不远，具有发展氢能转运和出口业务的天然优势。2022 年阿曼提出到 2050 年实现净零排放的目标，并把发展氢能作为实现碳中和的重要途径，为此发布了国家氢能战略，计划到 2030 年每年至少生产 100 万吨氢，到 2040 年增长到 375 万吨，2050 年达到 850 万吨。国内使用绿氢也将减少阿曼的碳排放，在炼油中将减少超过 300 万吨/年的二氧化碳排放，占目前国内排放量的 4%。阿曼召集包括政府机构、石油和天然气运营商、研究机构在内的 13 家公共和私营机构，建立了国家氢能联盟，并专门成立了一家国有阿曼氢能公司，负责发展氢能战略。目前阿曼氢能公司同来自比利时、荷兰、新加坡、阿联酋等多国的开发商达成 6 份合作协议，在总面积 1500 平方千米的园区开发氢能，总投资约510 亿美元。

5.2.3　沙特阿拉伯电氢碳协同模式应用展望

1. 绿氢供需发展

经济、高效的清洁能源发电条件为沙特阿拉伯绿氢制备建立了良好的基础。**制氢总量**预计 2030、2040、2050 年将分别达到 300 万、650 万、820 万吨，其中电制氢约占制氢总量的 75%，2050 年电制氢用电量约 0.3 万亿千瓦时，占总用电需求的 20%。**氢能需求**预计 2030 年 75 万吨，在 2035 年后开始稳步增长，2040 年达到 180 万吨，2050 年达320 万吨（0.16 亿吨标准煤），占终端能源比重 5%。

结合世界绿氢供需情景❶，欧洲和日韩是未来全球主要的低碳氢进口市场。鉴于沙特阿拉伯与主要输氢目的地之间的地理因素，未来管道输氢实现难度较大，因此在氢能外送上将主要采用海运模式。沙特阿拉伯在满足本国交通、化工、焦炭、电石、新型碳材料等产品用氢需求的基础上，可将富余的氢以海运液氢或氢化合物的方式输送至东亚、欧洲等全球其他用能中心，增加贸易品种，拓宽能源合作渠道。预计 2030、2040、2050 年氢出口量分别为 225 万、470 万、500 万吨。按 3 美元/千克估算，2050年的沙特阿拉伯绿氢出口创汇可达到 150 亿美元，若按原油 75 美元/桶估算，可替代 2亿桶石油出口量，相对 2021 年 22.7 亿桶石油出口量，氢能出口可替代 10%的石油出口创汇。

---

❶ The dawn of green hydrogen maintaining the GCC's edge in a decarbonized world. Strategy&. 2020.

专栏 5.1　　沙特阿拉伯绿氢成本分析

　　利用成本及地缘优势，沙特阿拉伯有望成为绿色能源出口大国。目前沙特阿拉伯的大型光伏项目 LCOE 约为 2 美分/千瓦时，主流电解槽工艺能耗约为 50~55 千瓦时/千克氢气（转化效率为 65%）。未来，随着可再生能源度电成本的下降和电解槽工艺的逐步完善提升，预计 2050 年光伏 LCOE 降至 1.4 美分/千瓦时、碱式电解槽电解效率提升至 45 千瓦时/千克氢气（转化效率达到 76%）、固体氧化物电解槽（SOEC）电解效率约 40 千瓦时/千克氢气，届时绿氢价格可降至 0.8~1 美元/千克，根据 IEA 对世界相关能源消费大国/区域绿氢生产成本的预测，沙特阿拉伯绿氢成本更具优势。

不同区域绿氢成本预测[1]

国家/区域	绿氢成本（美元/千克）
日本	3.8~4.1
美国	1.8~2.8
西欧	2.3~2.8
中国	1.4~2.8

2. 沙特阿拉伯新能源基地电氢碳协同开发方案

（1）三大氢能产业中心。

　　沙特阿拉伯可在交通便利的地区建设以可再生能源制氢为主，集制氢、储氢、加氢、运氢及下游产业、研发于一体的综合能源工业园区，打造具有影响力的氢能产业示范基地。综合考虑沙特阿拉伯清洁能源基地、交通条件、用氢负荷中心等因素，未来规划三个氢能产业中心满足本地用氢和出口需求，包括"未来之城氢能圈""西海岸红海之滨氢能带"和"东部区阿拉伯湾氢能圈"，如图 5.5 所示。

[1] IEA. The Future of Hydrogen. [R/OL]. https://iea.blob.core.windows.net/assets/9e3a3493-b9a6-4b7d-b499-7ca48e357561/The_Future_of_Hydrogen.pdf

图 5.5　沙特阿拉伯氢能产业规划示意图

　　"未来之城氢能圈"主要依托西北部未来新城（Neom），通过泰布克大型太阳能发电基地供电，氢能出口将通过 300 千米管道运输至杜巴港进行液化后运输至南欧，并通过欧洲输氢管道输送至欧洲大陆。

　　"西海岸红海之滨氢能带"沿西海岸由北至南覆盖延布–吉达–吉赞等主要城市地区，主要供应红海最大港口吉达港、南部吉赞经济城商业港及西部其他工业城市的用氢需求，也可通过管道输送至中部其他城市。

　　"东部区阿拉伯湾氢能圈"主要涵盖达曼、朱拜勒、首都利雅得等城市地区，通过哈伊勒、利雅得大型太阳能发电基地和达曼大型风电基地为氢能产业供电，然后通过管道输送至东部沿海工业城市及首都利雅得，满足本地用氢需求后，盈余的氢通过达曼港海运经阿拉伯湾运送至东亚国家。

　　（2）东部风光氢氨一体化基地。

　　东部风光氢（氨）一体化基地位于"东部区阿拉伯湾氢能圈"，风光新能源禀赋极佳，利用灵活的制氢（氨）负荷与波动性可再生能源配合，实现电氢氨联产，兼顾满足本地供电和氢氨出口需求。风光氢氨一体化基地示意见图 5.6。

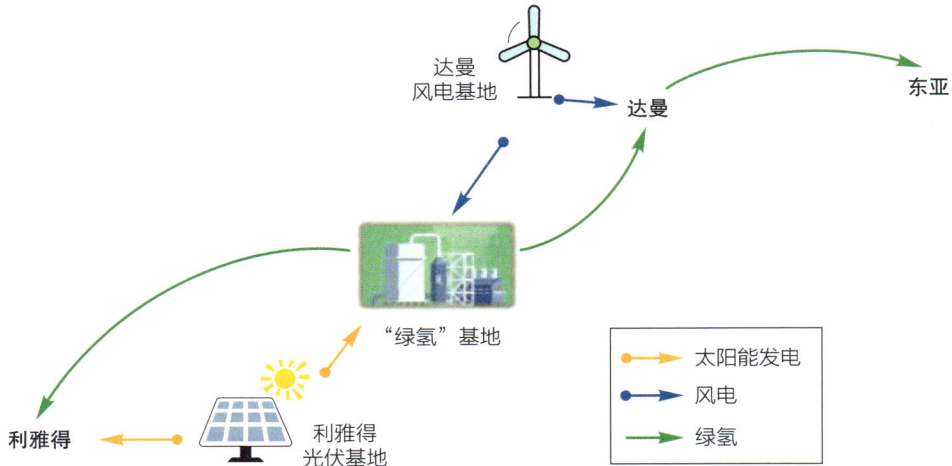

图 5.6 风光氢氨一体化基地示意图

　　基地依托达曼风电基地和利雅得太阳能基地，采用风光打捆互补方式向首都利雅得和东部达曼负荷中心送电，盈余电力送往"绿氢"基地制氢。预计 2050 年达曼风电基地和利雅得光伏基地装机容量分别为 4000 万千瓦和 3000 万千瓦，其中达曼风电基地年利用小时数约 2800 小时，利雅得太阳能基地光伏年利用小时数约 2000 小时，制氢最大功率按 4000 万千瓦考虑，制氢设备利用率可达到 3500 小时，风光利用率超过 95%，每年能够生产 280 万吨氢气，约占全国制氢量的 25%。清洁能源基地风光互补电制氢示意见图 5.7。

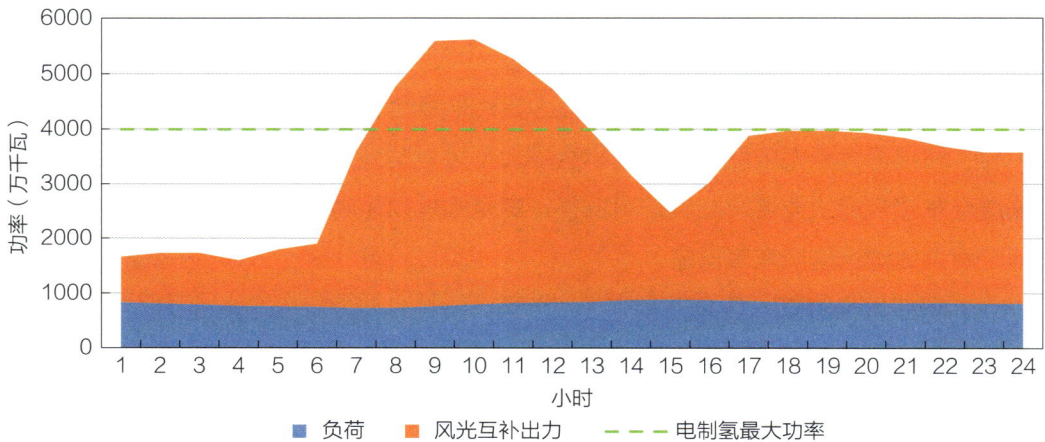

图 5.7 清洁能源基地风光互补电制氢示意图

| 专栏 5.2 | 沙特阿拉伯绿氢海运成本分析 |

海运成本主要包括：运输管道和压缩机、液化设施、运输船、存储设施和气化设施的投资成本和运行成本；压缩机、液化设施和气化设施供能、运输船燃料和港口费用成本，相关运输成本设定如下表。综合测算，沙特阿拉伯至东亚海运价格处于 1.26～2.11 美元/千克之间，叠加绿氢成本后综合成本为 2.03～2.88 美元/千克，至南欧海运价格为 0.84～1.30 美元/千克，叠加绿氢成本后综合成本为 1.61～2.07 美元/千克。

海运参数设定[1]

参数	液氢	液氨	液态有机物储氢
管道尺寸（厘米）		122	
液化投资 CAPEX（美元/千瓦，H_2）	1350	808	84
液化可变运维 OPEX（H_2）	0.3	0.14	0.051
液化固定运维 OPEX（%CAPEX）		2.5%	
船运容积（立方米）		160000	
运输船投资 CAPEX（美元/船）	179944000	134924800	99600000
运输船可变运维 OPEX［美元/（船·年）］	9900000	9047000	15604000
液化固定运维 OPEX（%CAPEX）		4%	
燃料［兆瓦时/（千克·1000 千米）］		4.0	
存储投资 CAPEX（美元/兆瓦时，H_2）	750	226	239
存储固定运维 OPEX（%CAPEX）		2%	
气化效率	100%	100%	90%
气化投资 CAPEX（美元/千瓦，H_2）	273	235	237
气化固定运维 OPEX（%CAPEX）		2.5%	
用电支出（美元/兆瓦时）		50	

[1] DNV GL. Study on the Import of Liquid Renewable Energy: Technology Cost Assessment.

东部风光氢（氨）一体化基地制备的绿氢可部分用于满足本地氢需求，并以燃氢发电形式提高负荷中心供电可靠性，富余绿氢运送到达曼港进行液化，以海运液氢、液氨或其他含氢化合物的方式输送至南欧、东亚。预计 2050 年，东部风光氢氨一体化基地的综合度电成本可降至 1.6 美分/千瓦时、绿氢成本降至 0.9 美元/千克。绿氢运输至南欧的到岸价格在 1.9 美元/千克左右，至东亚地区的到岸价格在 2.5 美元/千克左右，均具有显著的市场竞争力。

5.3　北　非　地　区

5.3.1　北非地区绿氢发展优势

清洁能源资源丰富，开发潜力大。北非地区清洁能源资源主要为风能和太阳能。作为全球太阳能资源最为丰富的区域之一，北非太阳能资源技术可开发量超过 94 万亿千瓦时❶，各国平均年总辐射量为 1800~2800 千瓦/平方米，部分区域达到 3000 千瓦/平方米以上，初步测算，北非光伏基地开发潜力约 3245 亿千瓦，平均度电成本约 2.3~2.9 美分/千瓦时，资源较好地区可低至 1.8 美分/千瓦时。北非区域风能资源也极其丰富，摩洛哥大西洋沿岸年平均风速达到 8~11 米/秒，埃及临近苏伊士湾沿岸年平均风速超过 10.5 米/秒，初步测算，北非风电基地开发潜力约 200 亿千瓦，平均利用小时约 2600 小时，最高可达 4000 小时，大规模集中式风电平均度电成本约 4.1 美分/千瓦时，条件较好地区可低至 2 美分/千瓦时。

地形地貌及人口分布适宜新能源大规模集中式开发。北非地区位于非洲高原大陆北部，地形以高原为主，地势平坦，区域内分布着世界上最大的沙漠地区——撒哈拉沙漠；气候方面，北非地区常年高温少雨，气候干旱，地表植被稀疏，人口主要聚集在地中海沿海和尼罗河三角洲，其他区域人口稀疏，规模化开发风电、光伏基地的条件十分便利。

---

❶ 全球能源互联网发展合作组织. 非洲清洁能源开发与投资研究. 北京：中国电力出版社，2020.

以埃及为例，埃及国土总面积 100.1 万平方千米，其中河流、湖泊等水体面积约 6816 平方千米，陆地面积约 99.3 万平方千米，埃及人口约 1 亿人，人口密度超过 35000 人/平方千米的地区主要集中在北部及尼罗河沿岸地区，超过 90% 的地区人口密度较低，可作为新能源基地开发利用的土地面积充足。

区位优势显著，氢能贸易发展前景良好。北非地区北隔地中海连接欧洲，南接南部非洲，西临大西洋，东濒红海，是亚欧非三洲陆上交通的重要中转站。欧洲作为全球能源消费中心之一，目前正积极推动能源清洁转型、推广绿氢利用，加强与周边国家合作以共同开发氢能，预计 2030 年需要进口绿氢 1000 万吨，2050 年超过 3000 万吨❶。北非地区位置靠近欧洲，西北有直布罗陀海峡，东北有苏伊士运河，并且与欧洲之间已经建成 4 条、规划 1 条天然气管道。未来在与欧洲的氢能贸易方面，北非具有航运、管道两方面的天然运输优势，出口氢能的运输成本相对其他地区较低，为其成为欧洲氢能供应中心提供了重要机会，预计 2030、2050 年，北非可向欧洲出口纯氢 400 万、1700 万吨/年，约占全球氢能贸易的 20%。

各国政府为新能源和绿氢投资提供丰厚的优惠政策。埃及、摩洛哥等国高度重视绿电、绿氢发展，通过制定相关产业发展战略、出台各种优惠政策，深化既有国际能源合作关系，并积极开拓境外能源市场，打造未来经济就业的新增长点。埃及为鼓励可再生能源开发和投资，增值税法规定可再生能源的资本组成部分只需缴纳 5% 的增值税，埃及央行对从事可再生能源项目的企业保障融资贷款；为促进氢能经济发展，埃及政府发布了 400 亿美元的国家氢能战略，计划出台一系列针对能源项目的激励政策，包括优惠的海关进出口税率、国家负担的公用事业连接费用以及优惠的土地租赁；近期，埃及政府推出了一项法案草案，建议对绿氢生产及其相关产品的利润实行 33%～55% 的税收抵免，旨在刺激外国投资和国内生产。摩洛哥为促进本国可再生能源开发，2010 年成立太阳能发展局，后更名为摩洛哥可再生能源局（MASEN），专门负责开发太阳能、风能和水电等项目，成为国家可再生能源发展规划的重要组成部分，同时也是规划和项目实施的主要推动者和参与者；为促进光伏产业发展，摩洛哥政府制定的上网电价（FIT）为光伏发电商提供高额补偿和税收减免，以鼓励对可再生能源项目的投资；为促进绿电、绿氢产业发展，2024 年摩洛哥政府发起了一项名为"摩洛哥提议（Morocco Offer）"的

---

❶ 非洲绿色氢能联盟（AGHA），非洲绿氢潜力，2022 年 11 月.

计划，拟提供 1 万平方千米的土地用于开发可再生能源、绿色氢能及其衍生物等，第一阶段计划向私人投资者提供 3000 平方千米的土地，作为国家能源战略的一部分，这一政策已激发全球近百家投资者对于在摩洛哥开发绿氢或其衍生物的兴趣。

5.3.2　北非主要国家绿氢发展政策

1. 埃及

埃及政府为绿氢产业制定了雄心勃勃的发展计划。在 2022 年埃及沙姆沙伊赫举办的 COP27 大会上，埃及政府宣布到 2050 年，埃及绿氢出口份额目标达到绿氢全球贸易总额的 8%，绿氢产业将推动埃及 GDP 增长 100 亿～180 亿美元/年，绿氢制氢成本预计下降至 1.7 美元/千克。根据牛津大学能源研究院相关研究结果，远期绿氢产业发展将为埃及创造约 10 万个就业岗位。目前，埃及已与 29 个国际投资机构签署了合作备忘录（MOU），正在筹备中的绿氢项目有 21 个，遥遥领先北非其他国家，详见表 5.5。

表 5.5　　　　埃及政府目前已经签署的氢能发展合作备忘录

序号	签署方	合作方案
1	欧洲复兴开发银行，埃及新能源与可再生能源管理局，埃及石油与矿产资源部	制定埃及氢能发展战略
2	Orascom，SCATEC，Fertiglobe，埃及主权基金	投建 10 万千瓦电解槽，生产 9 万吨氨/年
3	西门子，埃及电力公司	投建 10 万～20 万千瓦电解槽
4	比利时联盟，埃及电力公司，埃及天然气公司	投建 50 万千瓦电解槽、70 万千瓦风电和 80 万千瓦光伏装机容量
5	Maersk，苏伊士运河经济区，埃及主权基金，埃及输电网公司，埃及新能源与可再生能源管理局	在苏伊士工业园开发船舶绿色燃料项目
6	AMEA Power，苏伊士运河经济区，埃及主权基金，埃及输电网公司，埃及新能源与可再生能源管理局	生产氨 39 万吨/年
7	H_2－industries，苏伊士运河经济区	垃圾制氢，氢产能 30 万吨/年

续表

序号	签署方	合作方案
8	Zero-waste，法电集团，苏伊士运河经济区，埃及主权基金，埃及输电网公司，埃及新能源与可再生能源管理局	生产氨35万吨/年，投建65万千瓦光伏装机容量
9	阿布扎比未来能源公司，Hassan Allam Construction，苏伊士运河经济区，埃及主权基金，埃及输电网公司，埃及新能源与可再生能源管理局	投建400万千瓦电解槽，生产绿氢38万吨/年、氨230万吨/年
10	BP，苏伊士运河经济区，埃及主权基金，埃及输电网公司，埃及新能源与可再生能源管理局	开展氢能出口中心的可行性研究
11	Taqa Power，Votilia，苏伊士运河经济区，埃及主权基金，埃及输电网公司	投建100万千瓦电解槽，270万千瓦光伏和风电，生产绿氢15万吨/年
12	ENI，埃及天然气公司，埃及电力公司	开展绿氢和蓝氢可行性研究
13	GE，PGESCO，Hassan Allam Construction，埃及电力公司	关于氢联合发电的战略合作协议
14	ACWA Power，苏伊士运河经济区，埃及主权基金，埃及输电网公司，埃及新能源与可再生能源管理局	绿氢生产可行性研究
15	中国能源建设集团有限公司，苏伊士运河经济区，埃及主权基金，埃及输电网公司，埃及新能源与可再生能源管理局	生产绿氢14万吨/年
16	Dai Global Company，苏伊士运河经济区，埃及主权基金，埃及输电网公司，埃及新能源与可再生能源管理局	生产氨200万吨/年的可行性研究
17	OCIOR Energy，苏伊士运河经济区，埃及主权基金，埃及输电网公司，埃及新能源与可再生能源管理局	生产氨110万吨/年
18	Chemical industries holding company，苏伊士运河经济区，埃及主权基金，埃及输电网公司，埃及新能源与可再生能源管理局	绿氢可行性研究
19	ReNew Power，ELSEWEDY ELECTRIC，苏伊士运河经济区，埃及主权基金，埃及输电网公司，埃及新能源与可再生能源管理局	生产绿氢22万吨/年
20	Globaleq，苏伊士运河经济区，埃及主权基金，埃及输电网公司，埃及新能源与可再生能源管理局	投建360万千瓦电解槽，900万千瓦光伏和风电
21	Alfanar，苏伊士运河经济区，埃及主权基金，埃及输电网公司，埃及新能源与可再生能源管理局	生产氨50万吨/年、绿氢10万吨/年

序号	签署方	合作方案
22	Fortescue Future Industries，苏伊士运河经济区，埃及主权基金，埃及输电网公司，埃及新能源与可再生能源管理局	生产绿氢 33 万吨/年
23	Total Eren，Enara Capital，苏伊士运河经济区，埃及主权基金，埃及输电网公司，埃及新能源与可再生能源管理局	生产氨 110 万吨/年
24	Actis，苏伊士运河经济区，埃及主权基金，埃及输电网公司，埃及新能源与可再生能源管理局	风电+电解槽
25	丰田通商株式会社，埃及天然气公司	蓝氨可行性研究
26	DNV，Petrojet	氢能相关技术交流
27	埃及石油部，埃及新能源与可再生能源管理局，欧盟－欧盟绿色协议	氢能合作和贸易协议
28	埃及石油部，欧盟能源委员会，以色列能源部	公共部门的氢能合作
29	埃及石油部，埃及新能源与可再生能源管理局，埃及国际合作部，德国经济事务与气候行动联合部，德国经济合作与发展部	氢能和天然气的贸易协议

2. 摩洛哥

摩洛哥一直致力于将本国打造成全球主要的绿氢生产国和出口国，根据其 2021 年制定的绿氢路线图目标，到 2030 年摩洛哥绿氢产量占全球的 4%，并优先向欧洲出口。目前，摩洛哥已与国际可再生能源署签署战略合作协议，拟从政策、技术、市场等角度开展绿氢研究，同时，摩洛哥积极与世界各国的能源企业开展广泛合作与交流，已公布筹备开展多项绿氢项目，包括 2023 年 4 月中能建国际建设集团与沙特阿吉兰兄弟公司、摩洛哥盖亚能源公司签署的摩洛哥南部大区沿海地区的绿氢项目合作备忘录，该项目计划年生产 140 万吨绿氨（约合 32 万吨绿氢），配套建设 200 万千瓦光伏和 400 万千瓦风电项目。2024 年，摩洛哥猎鹰资本宣布与法国 Hydrogene de France SA 合作在摩洛哥南部达赫拉（Dakhla）地区中心地带建设绿氢项目，计划安装 800 万千瓦电解槽设备，电能由 1000 万千瓦风能和 700 万千瓦光伏提供；摩洛哥国家电力和饮用水局（ONEE）与 GE Vernova、Nareva 等合作，共同开展摩洛哥劳尤恩电厂转型为纯氢发电厂的可行性研究；摩洛哥国有化肥公司 OCP 集团宣布与铁矿石亿万富翁安德鲁·福雷斯特领导的绿氢开发商成立合资企业，生产绿氢、绿氨和氨基肥料。

5.3.3 埃及电氢碳协同模式应用展望

1. 绿氢供需发展

目前，埃及全国氢能产量约 180 万吨，全部为天然气制氢。未来，随着绿色转型加速和绿氢产业不断成熟，埃及绿氢需求及产能将迎来快速发展的局面，预计到 2050 年，埃及绿氢生产总规模预计达到 1000 万吨，按照氢气市场价格 1.7～2 美元/千克计算，埃及绿氢年产值达到 170 亿～200 亿美元，用氢增长较快的领域包括氮肥生产，航运绿色燃料，绿氨和绿色甲醇出口，交通绿氢燃料，钢铁生产加工，工业高温制热，氢储能与燃氢发电，以及电氢冷热集成微网等。

（1）**氮肥生产**：目前，埃及作为全球第五大化肥出口国和第六大化肥生产国，氮肥加工领域用氢规模最大，约 75.6 万吨/年，占氢能总量的 41%。预计 2050 年埃及生产的氮肥全部为绿色氮肥，其中国内绿氨需求 550 万吨，绿氨出口 500 万吨，合计 1050 万吨，所需绿氢约 190 万吨。

（2）**绿色燃料**：目前埃及甲醇的年产能为 120 万吨，占全国氢能总量 7%，其中国内市场占比 50%左右。未来随着航运燃油全面由绿色甲醇代替，预计 2050 年埃及国内甲醇需求将达到 100 万吨，出口甲醇规模达到 150 万吨，合计 250 万吨，所需绿氢约 32 万吨。

（3）**钢铁生产加工**：目前，埃及第二大用氢领域为钢铁加工，每年钢铁产量约 900 万吨，耗氢量约 64.3 万吨，占氢能总量 35%。预计 2050 年埃及钢铁产量略有下降，约 800 万吨，所需绿氢约 58 万吨。

（4）**氢储能与燃氢发电**：根据《非洲能源互联网研究与展望》，预计 2050 年埃及年用电量达到 7400 亿千瓦时，发电总装机容量约 2.9 亿千瓦，为满足系统安全稳定运行的灵活性资源需求，除燃气+CCS 装机容量 3000 万千瓦外，需安装燃氢装机容量约 1000 万千瓦，燃氢装机年发电量预计达到 200 亿千瓦时，年耗氢量约 40 万吨。

（5）**液化绿氢直接出口**：根据埃及政府展望，到 2050 年，埃及液化绿氢出口占全球绿氢贸易的 8%。根据全球能源互联网发展合作组织对全球绿氢需求预测结果，预计到 2050 年，全球绿氢贸易额为 0.5 亿~0.6 亿吨。假设埃及绿氢出口份额占全球贸易额的 8%，埃及液化绿氢出口总规模为 400 万~500 万吨。

2. 埃及绿色走廊建设方案

埃及计划建设绿色走廊连接新能源基地与制氢工业园区。埃及政府计划 2035 年前投产绿氢项目总装机容量 1162 万千瓦，80% 已宣布的绿氢项目位于苏伊士运河经济特区（SCZONE）。SCZONE 是通过阿拉伯湾连接欧洲、亚洲、非洲的全球物流枢纽，因容易进入全球市场，埃及对其关税和税收进行独立管理，将其定位为绿氢和绿氨出口中心。埃及电力和可再生能源部长默罕默德－谢克博士提出建设绿色走廊，利用中部和南部的大规模清洁电力为苏伊士工业园区绿氢生产供能。根据埃及官方提供的《通过总统令分配给可再生能源开发的土地方案》，未来能够为苏伊士工业园区提供绿电的新能源基地布局及开发规模见表 5.6。

表 5.6　　　　　　　　　**绿色走廊配套新能源基地布局初步方案**

名称	预计装机
红海风电基地（Red Sea Wind Power Base）	风电 6 吉瓦
东尼罗河风光基地（East Nile Wind and Solar Power Base）	风电 4 吉瓦、光伏 2 吉瓦
阿斯旺光伏基地（Aswan Solar Power Base）	光伏 6 吉瓦
西尼罗河风光基地（West Nile Wind and Solar Power Base）	风电 2 吉瓦、光伏 4 吉瓦
明亚风光基地（Minya Wind and Solar Power Base）	风电 3 吉瓦、光伏 3 吉瓦
苏伊士省风电基地（Suez Gover Wind Power Base）	风电 6 吉瓦

（1）埃及绿色走廊技术方案。

根据新能源基地布局及规模、苏伊士工业园区位置与用电需求，除苏伊士本省的风电和光伏电站，向苏伊士工业园区供电的大型风电和太阳能基地主要分布在尼罗河两侧，输电距离为 300~800 千米，可通过沿尼罗河两岸建设两条 ±660 千伏三端柔性直流输电工程向工业园区送电，送电规模 600 万千瓦。埃及绿色走廊工程方案共包括 6 座换流站、4 回直流输电线路、考虑到送端为 100% 可再生能源极弱系统，需要在柔直送端配置 4 台调相机，规模共约 50 万千乏，为系统提供转动惯量，提升系统频率和电压的稳定性。埃及绿色输电走廊、配套电源基地及多端柔性直流输电方案示意见图 5.8。

图 5.8　埃及绿色输电走廊、配套电源基地及多端柔性直流输电方案示意图

（2）埃及绿色走廊经济性分析。

参考该地区当前相关工程，埃及绿色走廊工程方案总投资预计总投资额在 65 亿～70 亿美元，年运行利用小时数 4500～5000 小时，平准化输电价为 1.33～1.48 美分/千瓦时。考虑到目前送端基地平均上网电价为 2.5～3 美分/千瓦时，工业园区制氢用电价格为 3.8～4.5 美分/千瓦时。制氢用电成本约 2 美元/千克，制氢成本约 2.6 美元/千克。

未来，随着风电光伏发电成本、输电工程造价的进一步下降，工业园区用电价格预计降至 2 美分/千瓦时，制氢用电成本约 1 美元/千克，制氢成本可降至 1.4 美元/千克，低于埃及政府 1.9 美元/千克的预估价格。叠加出口欧洲的海运成本和储氢输氢等成本，2050 年，埃及出口欧洲绿氢的到岸成本为 2.1～2.5 美元/千克，具备一定的市场竞争力。

当前工程造价参数见表 5.7。

表 5.7　　　　　　　　　　　当前工程造价参数

电压等级	输电容量（万千瓦）	变电站/换流站单位投资（美元/千伏安）	交流/直流线路单位造价（万美元/千米）
交流 500 千伏	150	25.7	55
柔直 ±660 千伏	600	165	65

无功补偿装置	容量（万千乏）	单位容量投资（美元/千乏）
调相机	50	70

3. 埃及绿电绿氢协同外送方案

埃及区位优势显著，在向欧洲输送绿氢的基础上，通过建设跨洲电力互联通道，还可为欧洲负荷中心输送绿色电力。其中，南部大型水风光基地通过柔性直流汇集后送至北部沿海地区，一部分与北部马特鲁周边太阳能基地汇集并通过特高压多端直流技术为希腊和意大利负荷中心送电；另一部分直接送入苏伊士工业园区制备绿氢，同时依托氢储能、氢发电技术为绿电外送欧洲提供调节能力，提高跨洲电力互联通道的输送效率和安全稳定性。

埃及—欧洲绿电外送工程如图 5.9 所示，建设马特鲁（埃及）—雅典（希腊）—莱切（意大利）±800 千伏三端直流，跨洲外送 800 万千瓦清洁电力至欧洲希腊、意大利消纳，线路长度 1700 千米（海缆长度 960 千米）。

图 5.9　埃及—欧洲 ±800 千伏直流工程

5.4　中　南　美　洲

5.4.1　中南美洲绿氢发展优势

　　清洁能源资源禀赋优异，绿氢开发潜力巨大。中南美洲水能资源储量丰富且分布广泛，区域国家具有使用水力发电的长期历史，水电制氢是部分国家绿氢产业起步的重要抓手。风能资源主要集中在哥伦比亚北部、巴西东北部、智利和阿根廷等国，其中智利和阿根廷南部风能资源极好，最高地区可达 14 米/秒，制氢成本可低至 0.7～0.8 美元/千克。太阳能资源主要集中在智利阿塔卡玛地区、加勒比海南岸，以及巴西东北部地区，其中智利北部光伏发电利用小时数高达 3200 小时，制氢成本可低至 0.65～0.7 美元/千克。此外，中南美洲大面积覆盖热带雨林，甘蔗乙醇和麻风树油等生物质能资源禀赋优异，具备与绿氢产业协同联动的良好基础。

　　各国立足本国优势积极谋划氢能发展，纷纷出台发展战略。目前，巴西、智利、哥伦比亚、乌拉圭、哥斯达黎加、特立尼达和多巴哥以及巴拿马均已出台了国家层面的氢能发展战略规划。大多数中南美洲国家在制定氢能战略时对外将本国定位为全球氢能供应方，大力发展氢能制备出口经济，同时在本地需求中用绿氢逐步替代灰氢，并扩大相关产品在运输和工业等部门的应用。其中，智利、乌拉圭和哥伦比亚在国家绿氢战略中已经详细制定了生产和出口绿氢及其衍生产品的路线图；巴拿马和巴拉圭重点立足本国地理区位优势，努力打造绿氢产品的运输和物流枢纽；特立尼达和多巴哥计划充分利用其现有石油化工基础设施，以及相对成熟的专业技术与运营经验，推动国内绿氢经济的发展。

　　积极制定绿氢相关法律法规，为产业孵化提供良好保障。阿根廷早在 2006 年就颁布了国家氢能法，目前正在对其进行更新完善，以适应国内蓬勃的发展形势；哥伦比亚为本国绿氢企业提供了税收激励措施，以扶持当地产业发展；巴拿马、巴西、巴拉圭、萨尔瓦多、秘鲁和哥斯达黎加等多国均在制定氢能法；智利通过生产促进公司

（CORFO）提供各种融资计划，还计划向氢能项目业主授予长达 40 年的财政土地使用特许权；乌拉圭设立了绿氢部门基金，为绿氢项目提供资金支持；在哥伦比亚，政府通过非常规能源基金（FENOGE）提供资金支持，同时正在制定有关氢气混合、运输、工业和环境问题的法规。

5.4.2 中南美洲主要国家氢能发展政策

1. 智利

智利是中南美洲第一个出台氢能战略的国家。2020 年 11 月，智利能源部发布了国家层面的绿氢发展战略——《国家绿氢战略》，旨在通过发展可再生能源制氢，促进国家的低碳经济转型，使智利成为全球绿氢出口领跑者。为保障绿氢发展愿景的顺利实现，国家氢能战略详细描绘了绿氢产业的发展阶段：

第一阶段（2020—2025 年）：本地需求替代期。该阶段的战略发展重点主要是培育本土绿氢、绿氨产能，逐步实现同类进口产品和本土生产灰氢的有效替代。通过扩大国内绿氨生产规模，逐步减少对进口氨的对外依赖，同时使用绿氢逐步替代本土炼油厂生产的灰氢，服务本地产品生产。此外，推进在重型和长途运输领域使用绿氢和衍生燃料的探索，并在重型交通和相关用户较为集中的地区开展项目试点。

第二阶段（2025—2030 年）：出口扩张期。该阶段的战略发展重点是逐步健全完善本土绿氢产业链，持续扩大绿氢产能和出口规模，力争成为国际市场主要参与者。在这一阶段，智利国内绿氢与各类衍生产品产能将高速攀升，呈现倍增式发展，绿氨出口规模同步快速上升，带动绿氢、绿醇和各类合成燃料产业的稳步发展。随着绿氢生产成本的持续下降，绿氢对陆路运输中化石能源的替代程度将持续增长，待时机成熟时启动油气管网掺氢，进一步扩大国内绿氢消费规模。

第三阶段（2030 年以后）：深度替代期。该阶段的战略发展重点是利用协同效应和规模经济，稳固智利作为全球清洁燃料供应商的地位。在这一阶段智利绿氢在国际市场的繁荣将反向推动国内产能的进一步扩大，实现国际、国内双轮驱动。随着各国深度参与低碳转型以及新技术的开发推广，智利绿氢出口市场将迎来又一波重要发展机遇，出口市场规模持续扩大，产品日趋多样。

聚焦绿氢发展路线和发展目标，智利政府着重围绕监管法规和项目许可、财政支持和激励计划、本国市场和国际合作、本地价值创造四个方面出台了相关政策措施。

制定法律法规，扫清产业发展障碍。修改 1979 年的法律 DFL 1 和法律 DL 2.224，将氢能定义为能源载体，为后续监管法规和相关标准出台、规范项目开发流程创造条件，明确电力和燃料监管局专门负责绿氢项目审批等相关流程。

提供融资支持，加快推动产业孵化。遴选技术成熟度高、产业链覆盖广的绿氢项目给予资金支持，加快推动形成可复制的成功绿氢项目案例。智利国家发展署（CORFO）已为 6 个绿氢项目（电解槽容量共 39.6 万千瓦）提供总计 5000 万美元公共补贴资助。为推动绿氢产业发展，能源部还设立了"智利绿氢推广计划"，共计包含 226 万欧元的公共投资。

建立公私合作关系，加强国际金融合作。政府负责协调公私各方共同制定采矿和运输领域相关协议，明确行业发展障碍并协商确定解决方案，切实推动绿氢在相关领域的应用推广。吸引双边融资和开发银行，重点关注赠款和优质贷款，以促进国内绿氢项目发展。加强国际交流合作，通过开展联合研究、发起合作倡议等多种方式促成双边或多边合作，为国内绿氢生产和出口奠定基础。

探索多元应用潜力，识别破除发展障碍。开展区域为单位的绿氢发展潜力机遇与基础设施建设需求研究，着重聚焦退役燃煤机组燃氢改造和再利用、孤网化石能源可靠替代、天然气基础设施安全掺氢等。传播绿氢知识，重点关注环境和安全问题，增强公众信任。

2. 巴西

巴西能源政策委员会在 2021 年 8 月发布了国家层面的《国家氢能计划指南》，加速发展低碳氢经济，充分利用全球低碳氢产品市场及其供应链在能源转型中的机遇，推动本国能源绿色低碳转型。巴西的氢战略不强调"绿氢"，而使用"低碳氢"，不排斥使用碳捕集技术的化石能源制氢。根据《国家氢能计划指南 2023—2025 三年计划》，巴西氢能经济发展将分为三个阶段：

2025 年前：广泛部署低碳氢制备试点项目。通过积极促成大学、研究机构和企业间围绕低碳氢的交流合作，推动低碳制氢试点项目的广泛落地，逐步完善氢能生态。为加强早期技术创新、培育氢能生态、强化研发能力、激励私有资本投入，将政府公共投资总额从 2020 年的 2900 万雷亚尔提高到 2025 年的 2 亿雷亚尔，约为 2020 年水平的 7 倍。

2030 年前：巩固巴西在全球低碳氢市场的竞争力。建立有效的监管框架，维持稳定的监管环境，逐步形成有利于氢能技术发展、收益预期稳定、相关业态丰富的市场条件，助力提升绿氢技术经济性和相关项目落地。

2035 年前：构建巴西低碳氢枢纽。整合氢能项目所需的各类基础设施，构建氢能枢纽，深度挖掘不同经济部门间的协同潜力，推动碳捕集等新技术在氢能生产、存储、运输和消费各方面的广泛利用。

5.4.3　智利电氢碳协同模式应用展望

1. 智利绿氢发展展望

目前，智利国内氢消费总量约 20 万吨，80%用于制备出口甲烷。

出口潜力方面。未来，智利绿氢出口潜在市场主要在英国和其他欧盟国家，也包括美国、日本和韩国。出口产品包括用于交通运输和工业生产的绿氢，用于发电和航运的绿氨，用于农业生产的氨基绿肥，用于炼钢的绿色海绵铁，以及合成甲烷、合成柴油和合成汽油在内的多种合成燃料。预计 2030、2050 年，智利绿氢及其衍生产品出口市值总规模可分别达到 30 亿美元和 240 亿美元。2030 年智利绿氢及其衍生产品出口结构预测见图 5.10。

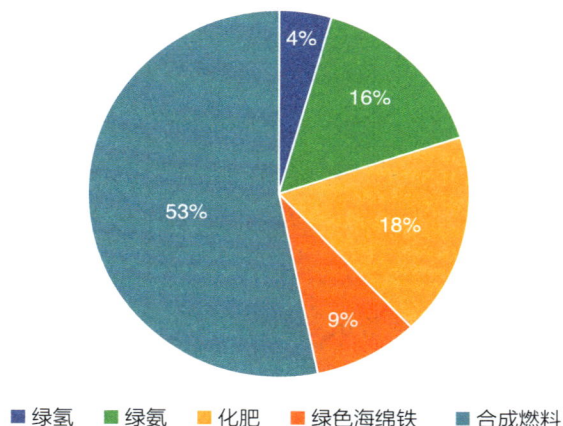

图 5.10　2030 年智利绿氢及其衍生产品出口结构预测

国内需求方面。未来，智利国内将着重挖掘炼油业灰氢替代，采矿业灰氨替代、氨基化肥制造和玻璃加工等几个领域的绿氢消费需求潜力。预计到 2030 年和 2050 年，智利国内绿氢总需求将分别达到 50 万吨和 320 万吨。

（1）炼油业方面。目前，智利炼油用氢需求约 16 万吨/年，加速炼油业灰氢替代是近期国内绿氢消费需求培育重点。预计到 2030 后，智利炼油业用氢将完成 100% 的绿色氢替代。到 2030 年和 2050 年，智利国内炼油业绿氢总需求将分别达到 6 万吨和 20 万吨。

（2）化肥制造用氨方面。目前，智利仍是国际市场氨的主要进口国，年进口量在 35 万吨左右，主要来自特立尼达和多巴哥。国内氨需求主要用于制造采矿炸药和氨基化肥。未来，智利将首先实现国内氨需求的自给自足，并在 2045 年后基本实现全部需求 100% 的清洁替代。到 2030 年和 2050 年，智利国内制氨用氢总需求分别将达到 17 万吨和 20 万吨。

（3）交通方面。智利未来将对公交、卡车和采矿卡车推广普及氢燃料。其中，大力推进卡车和采矿卡车等重型交通工具的氢燃料替代力度，到 2045 年后实现柴油的完全替代；积极推进公交氢燃料替代，预计到 2050 年实现替代率 25%。公交、卡车、采矿开车的用氢需求，预计到 2030 年分别达到 2 万、6 万、18 万吨；到 2050 年分别达到 40 万、120 万、100 万吨。

2. 智利风–光–储–氢联合开发案例分析

智利北部地区太阳能资源优异，并存在较好的风电资源开发潜力，通过风光储氢联合开发，在满足绿电消费和绿氢生产需求的同时可以有效提升新能源整体利用水平。

智利北部的安托法加斯塔风电基地、卡拉玛风电基地和玛利亚埃伦娜光伏基地资源开发条件好，具有一定的风光季节互补特性和协同开发运行潜力。风光年特性互补，安托法加斯塔风电基地 7 月~次年 2 月是大风期，2~6 月是小风期；卡拉玛风电基地 6~12 月是大风期，1~5 月是小风期；玛利亚埃伦娜光伏基地全年出力整体较为平稳，4~8 月相对小。日特性差异不大，安托法加斯塔风电基地、卡拉玛风电基地均为 11:00~19:00 出力大发，其余时间出力较小；玛利亚埃伦娜光伏基地午间出力大发，夜间出力为零。智利北部风光基地年内和日内出力特性见图 5.11，安托法加斯塔、卡拉玛风电基地和玛利亚埃伦娜光伏基地地理位置见图 5.12。

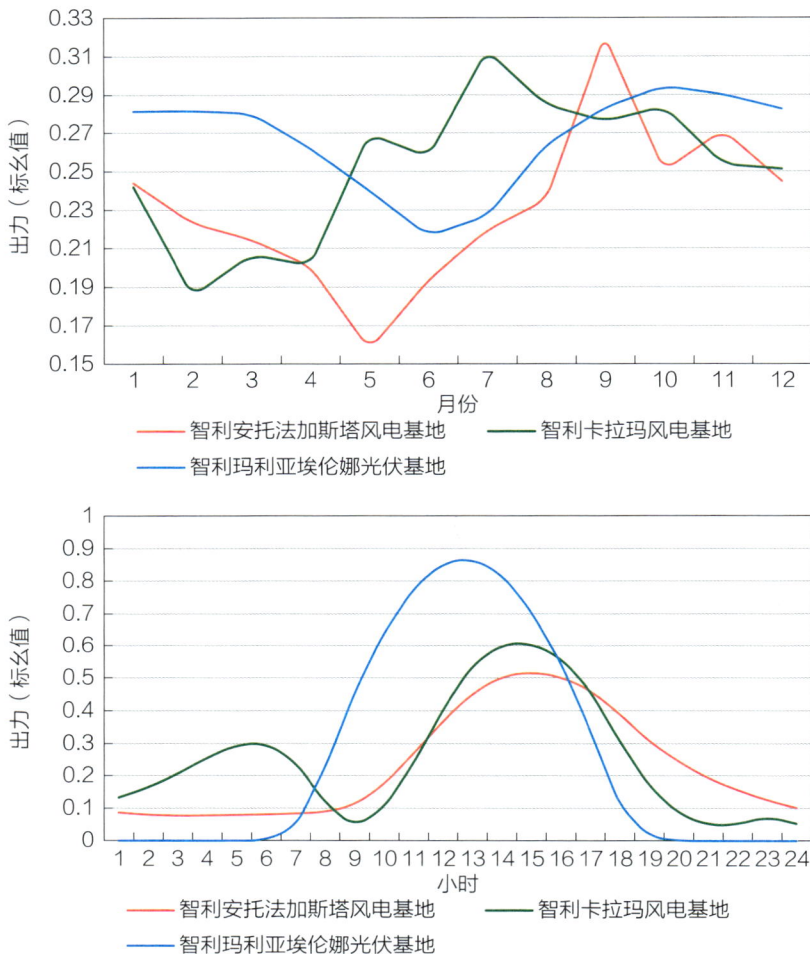

图 5.11   智利北部风光基地年内和日内出力特性

通过风－光－储－氢联合开发，在充分利用季节互补潜力同时可弥补日内部分时刻的出力不足，协同效益显著。考虑玛利亚埃伦娜光伏基地 600 万千瓦、安托法加斯塔风电基地 100 万千瓦、卡拉玛风电基地 100 万千瓦装机容量，配套储能装机容量 200 万千瓦，电制氢装机容量 100 万千瓦。通过协同优化运行，电力送出通道年利用小时数可达 4570 小时，利用午间富裕光伏电力进行制氢，并适时得到储能系统电力支撑，制氢设备年利用小时数可达 3500 小时以上，近期综合度电成本约 3.68 美分/千瓦时，制氢成本约 2 美元/千克，远期技术进步和设备成本降低，综合度电成本降至 1.4 美分/千瓦时，制氢成本可降至 0.8 美元/千克。风－光－储－氢联合运行示意见图 5.13。

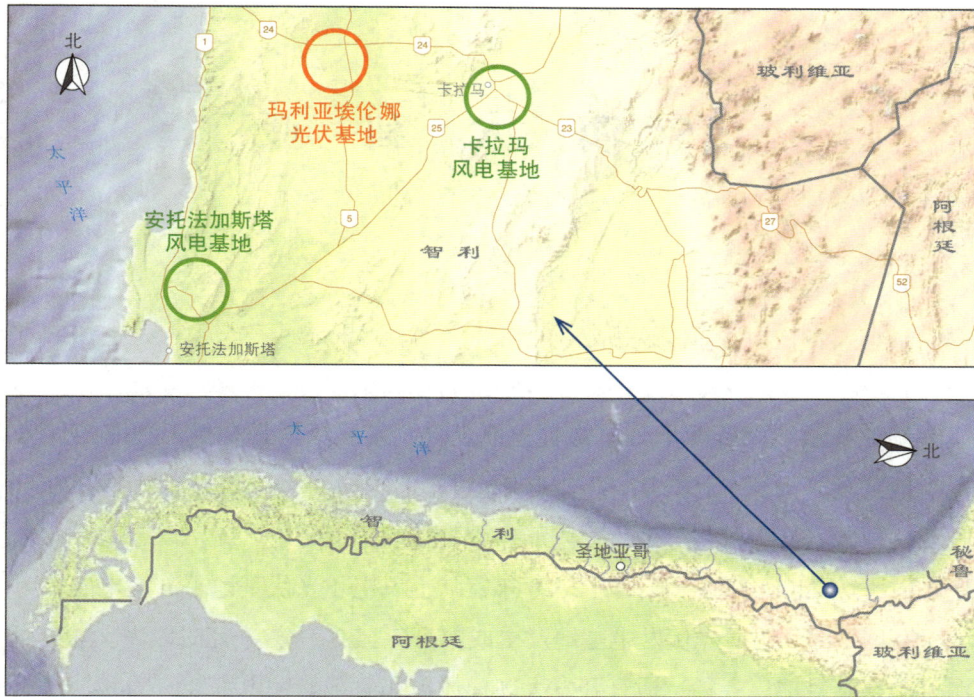

图 5.12　安托法加斯塔、卡拉玛风电基地和玛利亚埃伦娜光伏基地地理位置

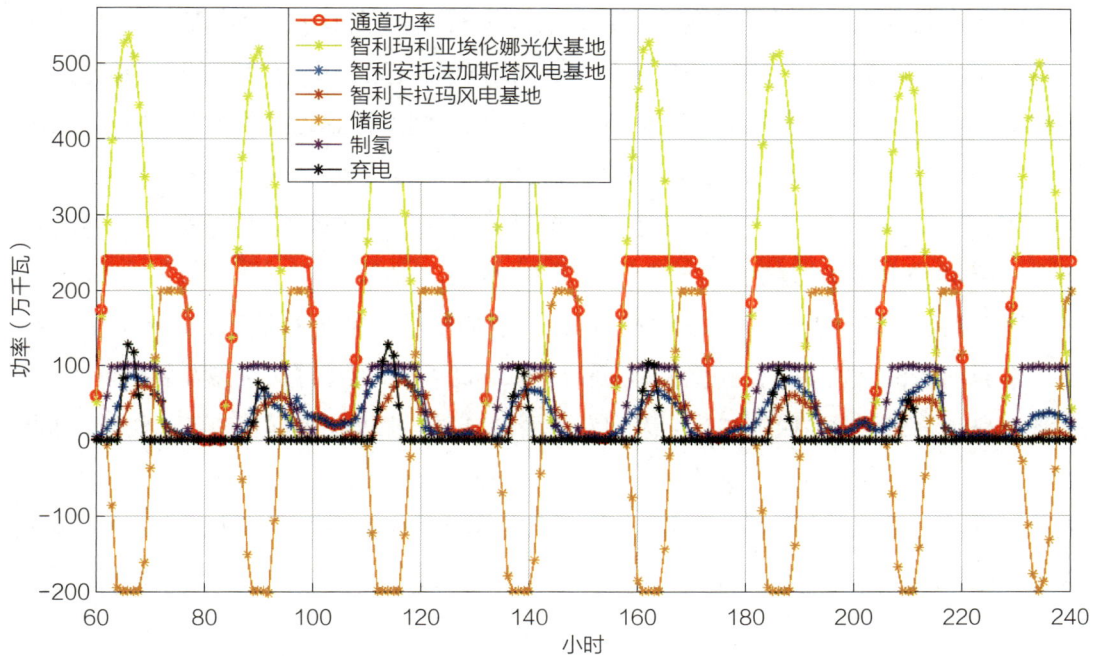

图 5.13　风－光－储－氢联合运行示意

5.5　澳　大　利　亚

5.5.1　澳大利亚绿氢发展优势

澳大利亚清洁能源资源十分丰富且土地辽阔，发展绿氢具有得天独厚的优势。 南部及沿海地区风能资源十分丰富，平均风速超过 10 米/秒，平均利用小时高达 3700 小时。澳大利亚北领地、昆士兰州等地，太阳能年水平辐照强度可达 2300 千瓦时/平方米，平均利用小时可达 2400 小时。预计到 2050 年，陆上风电和光伏基地平均发电成本可降至 3 美分/千瓦时，部分优质光伏发电基地发电成本可降至 2 美分/千瓦时以内。澳大利亚清洁能源资源丰富且地广人稀，适宜开发大规模风电和太阳能发电基地，同时基地距离港口较近，便于制氢后直接海运外送。

澳大利亚能源基础设施完善，具备发展大规模氢能项目的产业基础。 澳大利亚目前是全球最大的煤炭出口国和天然气（LNG）出口国，已经建立了完善的能源加工、运输和贸易体系，相关产业基础和发展经验有助于推动澳大利亚成为全球主要的氢能出口国。根据《BP 世界能源统计年鉴 2021》，2020 年，澳大利亚煤炭出口总量达到 9.25 艾焦❶，占全球总量 31.78 艾焦的 29.1%；LNG 出口总量达到 1062 亿立方米，占全球 LNG 出口总量 4879 亿立方米的 22%。

澳大利亚区位优势显著，与日本、韩国、新加坡等国建立了良好的贸易伙伴关系，便于发展绿氢出口贸易。 目前澳大利亚和日本、韩国已分别签订了氢能发展协议。日本是澳大利亚第三大贸易伙伴和第二大大宗商品出口国，根据澳大利亚商务部统计，2020 年澳大利亚向日本出口货物总额 464 亿澳币，占澳大利亚出口总额的 10.6%。韩国是澳大利亚第四大贸易伙伴和第四大出口国，新加坡是澳大利亚在东盟最大的贸易伙伴和投资国，也是澳大利亚在全球的第六大贸易伙伴。考虑到日本、韩国、新加坡均属于资源

---

❶ 单位艾焦，即 EJ。

匮乏的地区，且距离澳大利亚较近、船运便利，为满足未来能源多元低碳转型和经济可持续发展，这些国家将从澳大利亚进口氢能。中国作为澳大利亚最大的天然气进口国，近中期也存在从澳大利亚进口氢能替代天然气的需求。

澳大利亚体制机制相对完善、商业化水平高、融资机会较多，有利于外国投资者开展投资贸易。澳大利亚作为全球主要的发达国家之一，经济和政治稳定，航空、港口、公路、铁路、电力、通信等基础设施完善，商业体系完备，投资环境较好，国际贸易水平高，吸引了来自全球的投资者，2020 年外国投资者在澳大利亚总投资达到 4 万亿澳币，是澳大利亚全国 GDP 的两倍。外国投资者主要来自美国、日本、英国、荷兰、加拿大、中国和新加坡。

5.5.2　澳大利亚绿氢发展政策

2018 年 8 月，澳大利亚联邦科学与工业研究组织（CSIRO）发布了《国家氢能发展路线图：迈向经济可持续发展的氢能产业》报告，阿兰·芬克尔领导的氢战略小组发布了《澳大利亚未来之氢》报告。这两份报告为澳大利亚氢能产业的发展提供了蓝图。在《国家氢能发展路线图》基础上，2019 年澳大利亚政府能源委员会颁布了《澳大利亚国家氢能战略》，将氢能战略作为长期减排战略的重要组成部分。

澳大利亚颁布的一系列氢能发展战略旨在构建清洁、创新、安全和有竞争力的氢能产业。澳大利亚目标到 2030 年，将澳大利亚打造成为全球氢能主要出口国之一，到 2050 年，通过氢能产业发展实现 GDP 增长 260 亿元澳币。同时，澳大利亚政府 2020 年将清洁氢确定为一项低排放优先技术，提出未来清洁氢生产成本低于 2 澳币/千克的目标，助力该国跻身氢能出口大国行列。

澳大利亚联邦政府和各州政府已开始氢能产业链布局。根据澳大利亚的国家氢能战略，澳大利亚将在全国五个地区建立氢能中心，推动氢能基础设施大规模发展、提高效率，推动跨部门耦合、协同发展。澳大利亚各州政府也十分重视氢能产业对本洲经济的推动作用，澳大利亚各州目前已发布的推动氢能发展的政策如下表所示。各州已发布的氢能刺激政策中，新南威尔士州政府投资总额最高。根据新南威尔士州氢能新战略，拟出资 30 亿美元支持氢能基础设施和供应链建设，目标 2030 年氢能生产成本降至 2.06 澳币/千克。其中，7000 万美元用于建设多个绿氢枢纽中心，率先从 Hunter 和 Illawarra 两地开始；7800 万美元用于在 Tallawarra 发电站建设该国首个绿氢与燃气电厂；剩余资金用于加氢站网络建设及其他绿氢生产环节，将助力澳氢能汽车普及和绿氢工业化应用。澳大利亚各州推动氢能发展政策见表 5.8。

表 5.8   澳大利亚各州推动氢能发展政策

州/领地	时间	政策
北领地	2019 年 11 月	宣布制定可再生能源制氢招商引资战略
昆士兰州	2019 年 5 月	颁布 5 年氢能战略，包括 1500 万澳币的氢能产业发展基金，拟出资 30 亿美元支持氢能基础设施和供应链建设
新南威尔士州	2019 年 11 月	承诺到 2030 年，用绿氢替代 10%的天然气需求
	2021 年 11 月	颁布州氢能发展战略
维多利亚州	2018 年 4 月	为全球首个液氢出口项目（HESC 项目）投资 500 万澳币
塔斯马尼亚州	2020 年 2 月	宣布成立可再生能源制氢基金，可提供 5000 万澳币的资助或低息贷款
南澳州	2018 年 2 月	为南澳州 4 个可再生能源制氢项目投资 4000 万澳币
	2019 年 9 月	投资 100 万澳币开发氢能出口模型
西澳州	2019 年 7 月	投资 1000 万澳币建立可再生能源制氢基金，支持可再生能源制氢发展战略

澳大利亚已开始建设不同类型氢能示范工程。新州政府已批准建设的 Tallawarra B 电厂是澳大利亚首个双燃料发电厂，规模 31.6 万千瓦。初期，电厂发电将使用天然气，在未来几十年将逐步升级为绿色燃氢电厂。预计 2021 年底前，耗资 1450 万澳币的南澳州氢气公园（HyP SA）制氢设施将正式运行，并开始将绿氢混入阿德莱德部分天然气管网中。西澳州德纳姆地区（Denham）首次在社区中建立可再生氢能供电的微网，包括一个 704 千瓦的太阳能电厂、一个 348 千瓦的制氢电解槽和一个 100 千瓦的燃料电池。未来，氢能技术的不断创新将推动氢能产业链快速发展，在澳大利亚政府及投资机构的资金支持下，澳大利亚氢能行业将逐步突破技术壁垒，成为助力能源转型的重要低碳技术。

澳大利亚重视氢能领域的国际合作。除与日本、韩国签订了氢能战略合作协议外，澳大利亚和日本之间的新伙伴关系增加共同关注领域，包括液化天然气的生产、运输和使用，清洁氨气，清洁氢气，碳捕获与封存技术等。澳大利亚和新加坡建立合作伙伴关系，促进部署低排放燃料和技术，如清洁氢、电池存储，有助于减少海运和港口运营中的排放等。澳大利亚和德国共建氢能创新与技术孵化器，共同资助可再生氢供应链上的试点、试验、示范和研究项目，推动氢能产业的发展。2021 年 11 月，纳米比亚政府宣布，将与澳大利亚 Hyphen 公司联合开发 Tsau–Khaeb 公园大型绿氢项目，项目建成后将由 Hyphen 公司负责运营，为期 40 年。据悉，该项目第一阶段（2022—2026 年）将投资 44 亿美元，部署 200 万千瓦可再生能源发电装机容量，用于生产绿氢和绿氨；第二阶段（2026—2030 年）投资额增至 94 亿美元，可再生能源发电装机容量达 500 万千瓦，电解槽容量达 300 万千瓦；项目建成投产后，绿氢年产能预计达到 30 万吨。

5.5.3 澳大利亚电氢碳协同模式应用展望

1. 澳大利亚绿氢发展展望

预计 2030、2040、2050 年澳大利亚绿氢需求总规模分别为 190 万、770 万、1820 万吨。其中，氢能出口增长趋势预测参考 LNG 出口发展历程，出口规模分别达到 114 万、500 万、1274 万吨，分别占总产能的 60%、65%、70%，约占全球氢能贸易总量的 25%～32%。澳大利亚氢能规模预测见表 5.9。

表 5.9　　　　　　　　　澳大利亚氢能规模预测

项目	2030 年	2040 年	2050 年
氢能总产量（万吨）	190	770	1820
氢能出口量（万吨）	114	500	1274
氢能出口占总产量比重	60%	65%	70%
氢能出口全球市场份额	30%	32%	25%
国内氢能需求（万吨）	76	270	546
国内氢能需求占总产量比重	40%	35%	30%

国内氢能需求总量分别为 76 万、270 万、546 万吨，占总产能的 40%、35%、30%。主要应用于工业、交通、发电等领域。

（1）工业领域绿氢需求展望。

澳大利亚工业领域的绿氢需求预计主要来自化工原料生产和制热。其中，工业原料绿氢需求主要是生产绿色氨、绿色甲醇及其他低碳合成燃料，制热需求包含用于工商业和居民的低温制热以及工业和矿业的高温制热，高温制热主要用于生产铝、水泥和钢铁，低温制热主要是采暖需求。

化工领域绿氢需求预测假设如下：一是，考虑随着人口、产业发展和技术进步，未来全球氨市场需求进一步增加，澳大利亚氨产量也将持续增长，预计到 2030、2040、2050 年，澳大利亚氨产量将从 2020 年的约 130 万吨分别增至 200 万、300 万、600 万吨。目前合成 1 吨氨需要 130 千克氢气，预计 2030、2040、2050 年可分别降至 125、122、120 千克。二是，到 2040 年后，随着绿氢技术的发展和成本下降，澳大利亚将恢复甲醇生产，预计 2040、2050 年甲醇产量将分别达到 50 万、200 万吨。目前生产 1 吨甲醇需要 140 千克氢气，预计到 2040 年、2050 年将分别降至 135、130 千克。

综合考虑澳大利亚未来氨、甲醇的需求规模、氢能合成化工品的单位氢耗，预计到 2030、2040、2050 年，澳大利亚化工领域氢能需求分别达到 25 万、43.35 万、98 万吨，详见表 5.10。

表 5.10　　　　　　　　未来澳大利亚化工行业氢能需求预测

项目		2030 年	2040 年	2050 年
氨	产量（万吨）	200	300	600
	氢能需求（万吨）	25	36.6	72
甲醇	产量（万吨）	0	50	200
	氢能需求（万吨）	0	6.75	26
化工合计（万吨）		25	43.35	98

制热领域绿氢需求预测假设如下：一是，目前澳大利亚人均供热需求约 14 吉焦，预计 2030、2040、2050 年分别增至 15、17、18 吉焦。考虑低温制热领域氢能替代率，2030、2040、2050 年分别为 5%、13%、20%；二是，2020 年澳大利亚钢材年产量约 550 万吨，考虑人口增长和交通、建筑领域钢材需求增加，预计 2030、2040、2050 年澳大利亚钢材年产量分别增至 700 万、900 万、1100 万吨，预计生产 1 吨钢材需要 50 千克氢气。

考虑高温领域氢能替代率，2030、2040、2050 年分别为 30%、50%、80%。

综合考虑未来澳大利亚供热需求和氢能在供热领域的替代潜力，预计 2030、2040、2050 年，澳大利亚供热领域氢能需求分别达到 25.1 万、74 万、142.4 万吨，详见表 5.11。

表 5.11　　　　　　　　未来澳大利亚制热领域氢能需求预测

	项目	2030 年	2040 年	2050 年
商业和居民低温制热	人均供热需求（吉焦/年）	15	17	18
	人口（万人）	2818	3057	3281
	氢能需求（万吨）	15.1	52.0	98.4
钢铁冶炼高温制热	钢材产量（万吨）	700	900	1100
	氢能需求（万吨）	10	22	44
制热合计（万吨）		25.1	74	142.4

（2）交通领域绿氢需求展望。

随着氢燃料电池技术不断革新，以及燃料电池汽车整车集成技术迭代升级，燃料电池汽车的用能效率将不断提升，单位行驶里程耗氢量将不断下降。各水平年，各类氢燃料电池交通工具行驶里程与百千米氢耗假设如下：一是，假设中小型客车和公交车年行驶里程 2 万千米，2030、2040、2050 年百千米耗氢量分别为 0.8、0.75、0.7 千克左右；二是，假设货运车、工程车年行驶里程 5 万千米，2030、2040、2050 年百千米耗氢量分别约 4、3.5、3 千克；三是，假设民用航空飞机年行驶里程为 100 万千米，2040、2050 年平均百千米耗氢量分别为 45、42 千克左右；四是，根据人口增加、自动驾驶等交通领域技术发展，预计 2030、2040、2050 年，澳大利亚中小型客车和公交车保有量预计从目前 1800 万台[1]分别增至 2000 万、2200 万、2400 万台，大型客车、货运车和工程车从目前 90 万台分别增至 100 万、120 万、140 万台；五是，考虑人口增加和跨区跨国飞行需求的进一步增长，预计 2030、2040、2050 年，澳大利亚飞机保有量从目前 1.6 万台[2]分别增至 1.7 万、1.9 万、2 万台。

---

[1] 目前澳大利亚各类车辆保有量引自 https://www.abs.gov.au/statistics/industry/tourism-and-transport/survey-motor-vehicle-use-australia/latest-release.

[2] 目前澳大利亚飞机保有量引自 https://www.casa.gov.au/files/aircraft-register-data-file-2020-end-year-0.

根据不同类型交通工具各水平年保有量、氢替代率以及单位氢耗的预测结果，计算得出各水平年不同类型交通工具氢能需求规模，2030、2040、2050 年澳大利亚交通领域氢能需求规模分别达到 16.8 万、79.3 万、198.9 万吨，其中公路交通是交通领域氢能需求的主要来源，分别占交通领域氢能需求的 79%、61%、57%。未来澳大利亚交通领域氢能需求预测见表 5.12。

表 5.12　　　　未来澳大利亚交通领域氢能需求预测

项目		2030 年	2040 年	2050 年
中小型客车和公交车	保有量预计（万台）	2000	2200	2400
	氢能替代率	1%	5%	15%
	氢能需求（万吨）	3.2	16.5	50.4
大型客车、货运车和工程车	保有量预计（万台）	100	120	140
	氢能替代率	5%	15%	30%
	氢能需求（万吨）	10	31.5	63
铁路	行业燃料消耗（皮焦/年）	60	64	66
	氢能替代率	5%	10%	20%
	氢能需求（万吨）	2.14	4.92	11.0
轮船	行业燃料消耗（皮焦/年）	200	240	260
	氢能替代率	1%	5%	15%
	氢能需求（万吨）	1.43	9.23	32.5
航空	保有量预计（万台）	1.7	1.9	2
	氢能替代率	0	5%	10%
	氢能需求（万吨）	0	17.1	42
交通合计（万吨）		16.8	79.3	198.9

（3）燃氢发电绿氢需求。

根据《全球碳中和之路》[1]中对于大洋洲电力供需的预测结果，到 2030 年，澳大利亚电源总装机容量 1.79 亿千瓦，其中风电、光伏等波动性新能源装机占比约 70%，系统

---

[1] 全球能源互联网发展合作组织. 全球碳中和之路. 北京：中国电力出版社, 2021.

氢发电装机容量 40 万千瓦，用氢需求约 4 万吨。随着氢发电技术的成熟进步，将以分布式氢燃料电池发电为主逐步应用。预计到 2050 年，澳大利亚电源总装机容量达到 5.72 亿千瓦，风电、光伏等波动性新能源装机占比约 91%，氢发电装机容量达到 1520 万千瓦，用氢需求约 76 万吨，氢能成为澳大利亚电力系统重要的调节性电源。澳大利亚中远期电源装机容量及发电用氢预测见表 5.13。

表 5.13　　　澳大利亚中远期电源装机容量及发电用氢预测

电源品种	2030 年	2040 年	2050 年
煤电（万千瓦）	2400	1600	700
燃气发电（万千瓦）	1500	300	0
水电（万千瓦）	1000	1300	1500
抽水蓄能发电（万千瓦）	400	800	1000
风电（万千瓦）	3500	8500	17000
光伏发电（万千瓦）	9000	18000	35000
氢能发电（万千瓦）	40	840	1520
其中：发电用氢（万吨）	4	53	76
储能（万千瓦）	100	300	500
合计（亿千瓦）	1.79	3.16	5.72
风光装机比重	70%	84%	91%

2. 澳大利亚绿电与绿氢协同开发方案

考虑未来澳大利亚氢能制备大部分用于出口，可在港口附近就近开发大规模太阳能、风电基地，可优先开发澳大利亚北部北领地、昆士兰州和西部西澳州沿海地区的大规模光伏、风电基地。考虑区位特点、贸易关系、输送距离和已有的 LNG 输送线路，西海岸制备的绿氢在满足本地工业、矿业等需求后可外送至新加坡；北领地和东北部昆士兰州大型太阳能基地制备绿氢在满足东海岸负荷中心需求后，可送至日本、韩国等东亚负荷中心。澳大利亚大型清洁能源基地布局示意见图 5.14。

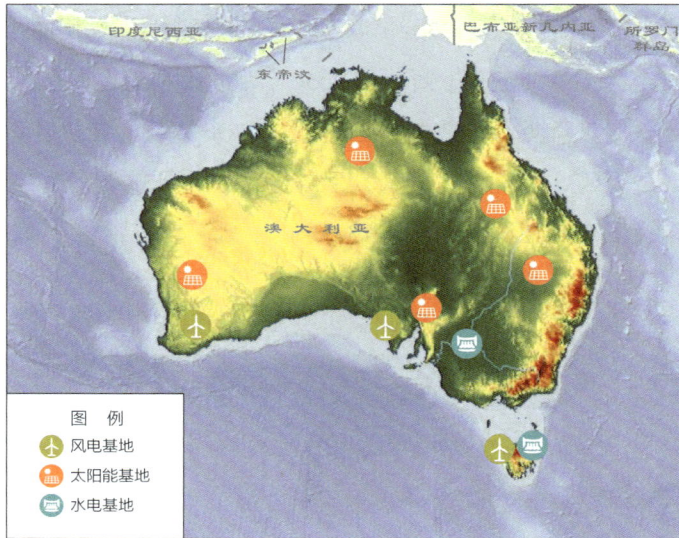

图 5.14　澳大利亚大型清洁能源基地布局示意图

按照 2030、2040、2050 年每千克氢能用电量分别为 51、48、45 千瓦时，出口用氢年耗电量分别达到 580 亿、2400 亿、5700 亿千瓦时。假设制备绿氢的风电和光伏装机比例为 1:4，风电年利用小时数 3500 小时，光伏年利用小时数 2200 小时，各水平年对应的光伏基地开发需求分别为 1890 万、7820 万、1.86 亿千瓦，对应的风电基地开发需求分别为 470 万、1940 万、4620 万千瓦。澳大利亚各水平年氢能出口电源装机预测见表 5.14。

表 5.14　　　　　　　　澳大利亚各水平年氢能出口电源装机预测

项目	2030 年	2040 年	2050 年
氢能出口量（万吨）	114	500	1274
绿电耗电量（亿千瓦时）	580	2400	5700
光伏装机容量（万千瓦）	1890	7820	18600
风电装机容量（万千瓦）	470	1940	4620
合计装机容量（万千瓦）	2360	9760	23220
光伏基地面积（万平方千米）	0.047	0.196	0.465
风电基地面积（万平方千米）	0.113	0.466	1.109
合计面积（万平方千米）	0.160	0.662	1.574
等价于悉尼市的个数	0.13	0.55	1.3

根据澳大利亚已有大型风光项目统计数据，平均 1 千瓦光伏占地面积约 25 平方米，1千瓦风电占地面积约 240 平方米，2030、2040、2050 年用于制备出口绿氢的光伏基地占地面积分别为 470、1960、4650 平方千米，风电基地占地面积分别为 1130、4660、11090 平方千米，合计分别为 0.16 万、0.662 万、1.574 万平方千米。悉尼市总面积为 1.2 万平方千米，到 2050 年制备绿氢所需的占地总面积仅为 1.3 个悉尼市，制备绿氢所需的土地资源十分充足。

3. 澳大利亚北领地光储氢一体化开发

澳大利亚北领地光伏基地位于北领地的北部，东临罗珀河，南临塔纳米沙漠，是大洋洲太阳能资源最丰富的地区之一，区域内无大型城镇等人类活动密集区，开发条件好。基地多年平均太阳能年水平辐照强度约 2200 千瓦时/平方米，全年 10 月至次年 1 月总辐射大，发电能力强。每日高辐射时段主要集中在当地时间 12:00 ~ 16:00。北领地光伏基地选址示意见图 5.15。

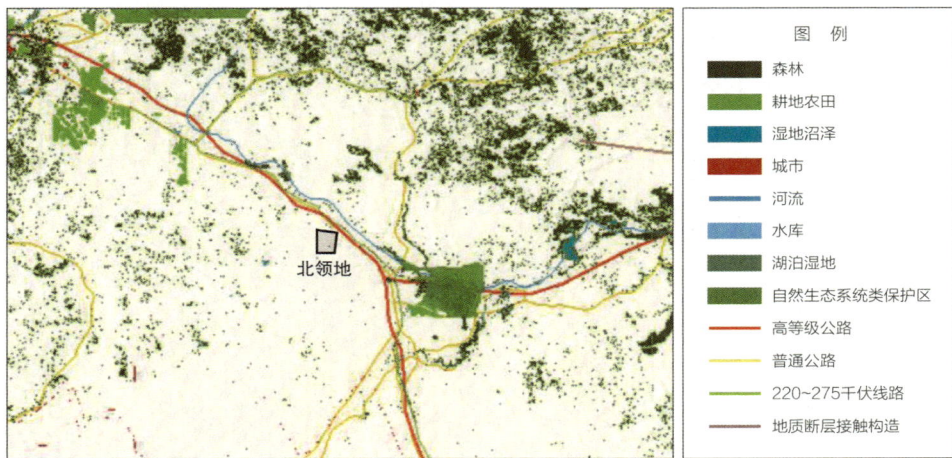

图 5.15　北领地光伏基地选址示意图

为充分利用当地太阳能资源，北领地可采用光储氢一体化方式开发，开发光伏基地装机规模 4000 万千瓦，发电利用小时数约 1924 小时，年发电量约 780 亿千瓦时，平均度电成本约 1.9 美分/千瓦时，其中，400 亿千瓦时绿电用于满足本土负荷用电需求，其余 380 亿千瓦时用于制备出口氢。按照远期 1 千克电解水制氢的耗电量 45 千瓦时，该基地氢能年产量可达 84 万吨，制氢成本可低至 1 美元/千克。

6

相关政策与市场机制

　　全球碳中和目标下，各国积极出台相关战略规划促进能源绿色低碳转型。电能和氢能作为新型能源体系的核心组成部分，对于全社会减碳降碳起到举足轻重的作用。电氢碳协同发展能够发挥不同类型能源的优势，保证能源电力系统安全稳定运行。为促进新模式、新产业的有序发展，需要充分发挥政策引领作用与市场调节能力，不断完善相关顶层政策设计和市场机制建设。

6.1　相　关　政　策

　　促进电氢碳协同发展是涉及多个领域、多个行业、多个主体的全局性、综合性、战略性发展目标，需要从规划协同、产业支持、投融资创新、国际合作等方面不断完善相关政策和保障机制。

6.1.1　规划协同

　　做好电氢碳协同发展顶层设计，创新规划方法。加强跨国、跨行业发展规划统筹协调，建立适应电氢碳协同发展的系统性规划方法、分析模型和标准化规划流程，做好顶层设计，从源头转变条块分割的发展模式。建立规划协调对接机制，推动新能源开发、绿氢、绿色工业发展规划对接，实现电氢碳协同发展规划与区域、国家的经济社会发展规划有效衔接。

　　打破不同部门行业间的机制壁垒，加强政策协同。国际层面，建立国际政策协调体系，强化政策协同，消除政策障碍，为各层级政策协调对接提供基础和支撑；国家层面，建立跨行业、跨部门政策协调机制，明确相关主管部门和各方职责，理顺管理工作流程，统筹优化能源与产业发展整体布局，打破电力、氢能、终端消费行业之间的壁垒，实现氢能供给侧与需求侧有效衔接、动态匹配，提高全社会能源使用效率，推动要素、资源在更大范围内优化配置，实现清洁、低碳、协调发展。

　　建立标准协同机制，形成国际标准体系。标准化对于推动技术进步、促进项目降本增效、提升运行效率和安全可靠性作用巨大、必不可少。以国际标准组织为平台，协调电、氢、碳相关领域的各利益相关方，统筹项目开发、产业发展以及各市场主体对技术标准的实际需求，建立健全技术标准体系架构。完善绿氢、绿氨、绿色甲醇等氢基能源国际标准，构建完善相关碳足迹认证方法和标准，促进绿电、绿氢技术与产业协同发展。

6.1.2　产业支持

不断完善清洁能源发展政策体系，促进清洁能源发电成本进一步下降。完善清洁能源发展体系，进一步研究明确不同类型清洁能源的开发路径、布局等重要问题。加强国际贸易与国际合作，加速清洁能源技术发展与项目实施，推动清洁能源发电成本不断下降，推动发展中国家逐步积极参与到风能、太阳能等清洁能源及储能的大规模开发利用进程中，使清洁发展目标引领作用不断显现。建立各环节协调发展模式，实现清洁能源项目规划、建设、运营全链条管控水平和能力提升，促进消费侧电能替代及清洁能源在多能互补、输送利用等方面的融合发展。

优化氢能产业链顶层设计，支持政策随市场发展阶段适应性调整。在绿氢制备、加氢站、氢气储运、氢燃料电池等领域系统布局，推动技术与市场、供应与需求协同发展。**发展初期**，可围绕氢能交通、绿氢化工开展示范。鼓励大型能源化工企业有序开展可再生能源制氢与合成氨、甲醇等产品生产的一体化示范。以工业领域大规模氢能需求为依托，构建具有规模效益的氢能生产和供应网络，降低应用端氢能成本，形成有效的氢能产业发展的商业化路径。**发展中期**，绿氢应用、生产与储运技术逐渐成熟并实现平价，市场规模快速增长，在终端应用领域竞争力不断增强，相关财税补贴政策逐步退坡。**远期**，绿氢产业发展不需要直接政策支持，应综合评估氢能产业对碳中和及相关行业的影响，确保资金高效流动，提升绿色产品的价值认知。

构建电氢协同能源系统，提高氢能输送效率。氢的大规模输送问题是发展绿氢产业的最大瓶颈之一。未来氢基础设施的发展应与电网规划建设协同考虑。通过建设电氢协同的能源输送配置体系，挖掘绿电-绿氢耦合的灵活性价值，能够促进新能源消纳，为电力安全稳定提供安全保障。优先布局天然气管道掺氢运输、大容量管道输氢等基础设施建设和改造，统筹规划设计大规模输电通道与输氢通道，形成绿氢配置就地制备利用与大范围优化相结合的格局。

加大对电氢碳协同关键核心技术攻关的支撑支持。持续推进绿色低碳氢能制取、储存运输和应用等各环节关键核心技术研发。聚焦可再生能源低成本制氢、超高压压缩氢气、低温液氢、管道掺氢、储氢材料、长链条 P2X 等关键核心技术。加大科研资金投入，推进国家级氢能技术创新平台和重点实验室建设，充分发挥财政税收、贷款贴息、土地优惠使用等政策的激励作用，拉动社会科技创新投入，激发技术创新和成果转化潜力。

促进零碳（低碳）产业园区发展，推动电氢碳协同项目建设。一是研究制定国家或区域层面零碳园区建设指标体系和指南，并与国际标准和规则实现接轨。二是探索优化园区建设运营协同机制。建立政府、能源企业、产业企业、投资方之间的良性合作机制。三是提高园区运营管理水平。建立有效的能源碳排放监测体系，运用数字化智能化技术强化园区碳排放管理，提高能源使用效率，提升碳捕获、利用与存储（CCUS）能力和碳汇能力。**四是**探索构建能源绿岛，开发利用光伏、地源/空气源热泵、沼气、生物质、氢能等多种供能模式，实现可再生能源发电就地消纳。横向实现多能互补，纵向建立"源、网、荷、储"协调，形成多样化能源的供给、需求及储能调节的动态平衡，降低对外部能源系统的依赖和影响。以园区为载体推动绿氢、绿氨、绿色甲醇等电氢碳协同发展重点项目落地，形成可推广的建设模式。

6.1.3　投融资创新

大力发展绿色信贷。一是制定统一的绿色信贷标准，兼顾与国际标准接轨，统一绿色金融统计标准，发布重点支持项目目录。二是推动商业银行成为气候友好型绿色银行，形成支持绿色信贷等绿色业务的激励机制和抑制高污染、高碳排放企业贷款的约束机制。对于绿色信贷支持的项目，可申请财政贴息支持。三是加强信贷气候风险管理，增加绿色信贷披露专业度，建立绿色信贷信息共享平台，提高金融机构环境和气候风险得出分析和管理能力。

积极推动绿色债券发展。一是完善各类绿色债券发行的相关业务指引、自律性规则，建立和完善统一的界定标准。二是加大政策性基金对绿色低碳产业的投资，发挥国家导向作用。鼓励相关金融机构以绿色指数为基础开发绿色债券指数、绿色股票指数及相关产品，满足投资者需要。三是有序发展基于碳排放权、排污权等各类环境权益的融资工具，丰富绿色债券产品种类。

创新绿色融资工具，拓宽绿色融资渠道。鼓励银行、产业基金、创业投资基金为新能源开发、绿电制氢、零碳工业园区等优质项目提供精准化、差异化金融服务，拓宽融资渠道，提升绿色项目投融资水平。推动金融机构在产业链金融、互联网金融、绿色金融、不动产投资基金等领域创新突破。在绿色信贷、绿色债券的基础上，加速绿色产业基金、绿色保险、绿色资产证券化等的发展，充分激发金融市场活力。

6.1.4　国际合作

搭建绿色发展国际合作平台。挖掘绿色治理潜力，联合电氢碳领域相关企业、组织、机构，共建国际合作平台；依托合作平台，统筹协调各方开展规划研究、项目对接、资金筹措等工作，促进资源共享、优势互补、合作共赢。

加强科技创新合作和国际援助。积极开展国际科技合作、联合研究，实施国际科技合作工程。促进各国科技合作利益共享，打造科技合作多边协调关系和利益共同体。建立国家间科技合作交流机制，加强技术转移、成果转化、产业转型升级等方面的合作。对经济、技术发展较为落后的国家，推动设立专项援助基金，制定援助计划，整合各方资源，提升在资金、物资、能力建设等方面的援助力度，促进不发达地区重大项目实施，激发受援国发展潜力。

6.2　市　场　机　制

电氢碳协同发展尚未形成具备市场竞争力的商业模式，项目经济性仍存在一定挑战。有效的市场机制可以充分体现绿电、绿氢的能量价值、环境价值和灵活性调节价值，有效疏导电氢碳协同建设成本，激发相关主体的市场活力。

6.2.1　绿色价值交易机制

完善绿电、绿证交易机制，体现可再生能源的环境价值。绿电、绿证作为支持可再生能源发展的重要市场交易机制，需体现可再生能源电量环境属性的唯一性。应扩大绿证、绿电、绿电制氢交易规模，拓展各类型交易应用场景，保障绿色能源供需匹配，充分发挥绿电、绿证促进可再生能源开发利用、引导全社会绿色消费等方面的作用。一是进一步明确绿证作为消费绿色电力的唯一凭证。确保已申领绿证的可再生能源发电不再获得其他类型的能源证书，绿证与碳市场 CCER 也不重叠批准同一个可再生能源发电项目。二是扩大绿证核发范围。在将分布式发电、海上风电、光热发电、绿氢发电、生物质发电、水电、核电等逐步纳入绿证核发范围的基础上，不同能源品种设置不同的绿证系数，供市场主体根据实际需要进行投资决策。三是培育绿电绿证消费市场。完善绿色电力消费认证体系，开展绿证国际互认，培育多元化市场需求，畅通消费者购买绿电、绿证和绿氢的渠道，通过绿电核减碳排放量、抵扣国际碳税等激励措施，激发绿电、绿证以及未来绿氢市场的潜力。

完善碳市场机制建设，助力提升绿色产业市场竞争力。一是推动碳市场加速扩容，向更多能源密集行业延伸，激励重点行业更多使用清洁能源。根据市场建设、行业发展情况，由试点行业逐步扩大碳交易范围，提高碳市场覆盖全社会排放量的比例；制定重点行业纳入全国碳市场的具体时间表，市场逐步形成涵盖电力、钢铁、有色、化工、建材、航空等主要排放行业的碳交易体系。二是逐步向总量控制与分配制度过渡。在碳达峰阶段之后，对碳排放总量目标进行严格控制并逐年降低排放份额，分配制度以有偿分配为主、无偿分配为辅，取消对间接排放的管控，形成与绿证、绿电市场并行发展格局。三是完善碳金融机制。开发多种碳金融衍生品，推动金融市场、碳市场与绿证绿电市场的合作与联动发展，开展绿氢市场与电碳市场的金融交易工具研发，发挥市场为主导的碳定价与绿色溢价定价功能，吸纳社会资本加入，激发全社会对可再生能源项目投资的积极性。

6.2.2　灵活性调节机制

完善电力中长期市场建设，促进灵活性资源开发利用。以电力中长期交易作为规避市场风险、平抑市场价格、保障电力供应的重要手段，推动中长期交易逐步缩短交易周期、提升交易频次、丰富交易品种，进一步提升中长期交易灵活性、精细化、标准化程度。建立中长期市场带曲线交易机制，更好地平衡电力系统，实现和现货市场高效衔接，提高系统运行效率。考虑到新能源发电波动性、随机性、间歇性特征明显，在年度、月度交易中签订带曲线的中长期合同难度较大，通过建立发展电制氢、储能等灵活性调节资源参与市场的机制，进一步优化新能源出力曲线，提高对新能源消纳利用的水平。

加快电力现货市场建设，发挥电力商品价格发现作用。 现货市场的价格发现作用可有效提高市场主体灵活性和自主性，对于推动可再生能源发电及促进用电侧灵活资源配置方面发挥有效作用。加快构建符合供需双侧参与的现货市场，完善现货交易限价、报价机制，逐渐形成长期稳定的电力现货市场，发挥现货市场反映供需关系的分时电价信号作用，激励市场成员行为主动跟随市场需求变化。一是各发电主体进行自主报价，市场竞争过程将推动能源供给侧优胜劣汰，具有低边际成本优势的新能源机组在市场中将占据竞争优势。二是为应对市场价格波动风险，激发用户侧柔性负荷调节能力，客观上将促进电制氢等灵活性资源发展。

优化完善辅助服务机制，充分调动调节性资源发挥作用。 电力辅助服务价格机制反映电力商品的安全性和调节能力，确保电网运行的灵活性和安全性。建立健全辅助服务价格机制，合理设置辅助服务费用在发用两侧的分担比例，按照"谁提供、谁获利，谁受益、谁补偿"的原则，疏导辅助服务成本。确定煤电机组灵活性改造有偿调峰补偿水平；新能源在绿色价值得到充分体现的情况下也应承担相应的系统调节成本，最大程度地发挥绿电、绿电制氢等各种资源的灵活调节价值，提升电源、电网、负荷和储能之间的互动水平。

6.2.3　市场衔接机制

市场空间匹配协同。 充分考虑不同市场的建设进度和模式差异，从顶层设计出发，加强对电力市场、碳市场、氢能市场在目标任务、建设时序、引导市场主体行为等方面统筹协调，形成目标清晰、路径明确的顶层设计和发展时间表、路线图。逐步将非绿氢的行业主体纳入碳市场管控，对使用化石能源制氢的电力征收碳税，提高绿电、绿氢产业的市场竞争力。

市场信息数据共享。 加强不同市场在数据信息、信用信息及监管监控信息方面的联通共享。构建电氢碳大数据分析模型，利用电力市场数据支撑主要高耗能行业的间接碳排放监测、核算等工作，以及在电制氢行业的绿色电力减碳效益分析。优化各类型电网排放因子计算方法，根据绿证、绿电核发和销售情况及时调整、更新各级电网的平均排放因子水平，确保绿色电力减排效益在各行业不被重复核算。

市场价格机制联动。完善电、氢、碳市场多种环境权益价格机制的衔接。厘清绿电、绿氢市场中碳价格成本传导关系，完善绿证、绿氢与 CCER 的互认及折算方法，避免环境权益在不同的市场被重复计算和交易，增强绿色消费证明的采信度。在制定碳市场碳配额分配方案和碳排放基准线等政策时，应充分考虑碳成本在电力市场的有效传导。在制定碳排放核算办法时，应明确绿证、绿氢在重点控排企业的间接排放核算扣减机制。

7

结 语

实现全球"碳中和",能源领域是主战场,推动能源清洁低碳转型的重要举措是大规模开发和高效利用新能源,全球能源互联网发展合作组织适时提出了电氢碳协同发展理念,将电能、氢能、以煤为代表的化石能源等多种能源品种结合起来,形成一个零碳排放、碳元素循环再利用的能源-物质转化体系,为新能源发展打开更为广阔的市场空间,为火电、高载能产业等相关高碳行业提供清洁发展新渠道,为引领未来产业布局、科技创新,推动经济社会可持续发展提供源源不断的绿色生产力。

本书立足解决零碳调节资源不足地区的新能源开发难题,提出电氢碳协同的新能源基地开发新思路,将绿电、绿氢及绿色氢基产品与二氧化碳减排和利用通过技术对接、供需衔接、产业承接等方式结合起来,形成新能源基地"灵活资源就近协同、电氢(氨/醇)多措并举、上下游产业共同发力"的新发展模式,统筹解决新能源基地周边灵活调节手段不足,电网配置能力有限,缓解新能源基地配套煤电降碳难等问题。

电氢碳协同发展产业链条长、涉及技术复杂,本书抓住其中关键,结合氢基产品灵活制取工艺、富氧燃烧碳捕集等技术,聚焦绿电与绿色氢基产品竞争力和综合效益,研判不同时期新能源基地与氢基产业协同开发的适用性,提出协同开发模式示范和推广应用的路径建议,并展望新能源电氢碳协同开发模式在全球重点地区的应用潜力。

新能源电氢碳协同发展将低成本的绿电、绿氢资源转化为产业发展优势,可为我国西部大开发、东北振兴等战略实施注入新动力,也可为非洲北部、南美西部、中亚等地区及国家提供能源转型、产业升级的中国智慧。新能源电氢碳协同开发模式的示范和推广应用需要社会各界凝聚共识、形成合力,共同推动。近期可主要从以下几个方面着手。**一是加强机制建设,体现绿色价值。**打破区域壁垒和行业条块分割,建立协调对接机制;加快绿电、绿氢和碳减排等相关市场建设,充分体现相关产品的绿色价值。**二是大力推动关键技术创新发展。**持续推进绿氢制储运用等各环节核心技术研发,推动绿氨/醇等柔性制取工艺的发展,提升电氢碳协同各环节对新能源波动的适应能力。**三是发挥示范引领作用。**加快建设电氢碳协同发展示范园区和示范工程,推动煤电低碳化技术推广应用,为高碳、高载能工业园改造升级提供必要的技术及管理经验。**四是完善资金保障措施。**创新投融资渠道,推动金融机构在相关领域创新突破,充分激发金融市场活力,推动碳价、绿证、市场准入、财政补贴等政策措施的落地实施。**五是深化国际合作。**搭建绿色发展合作平台,推动国家之间技术转移、成果转化、产业转型升级,打造科技合作多边协调关系和利益共同体。